教育脱贫攻坚及乡村振兴战略研究

陈桂林　著

中国原子能出版社

图书在版编目(CIP)数据

教育脱贫攻坚及乡村振兴战略研究/陈桂林著.

北京：中国原子能出版社,2024.9.--ISBN 978-7

-5221-3666-0

Ⅰ.G52;F320.3

中国版本图书馆 CIP 数据核字第 2024XR7628 号

教育脱贫攻坚及乡村振兴战略研究

出版发行	中国原子能出版社(北京市海淀区阜成路 43 号　100048)	
责任编辑	王　蕾	
责任印制	赵　明	
印　　刷	北京九州迅驰传媒文化有限公司	
经　　销	全国新华书店	
开　　本	787mm×1092mm　1/16	
印　　张	10	
字　　数	139 千字	
版　　次	2024 年 9 月第 1 版　2024 年 9 月第 1 次印刷	
书　　号	ISBN 978-7-5221-3666-0　**定　　价**　78.00 元	

我国是非常典型的农业大国，农村占地广阔、人口庞大，乡村在我国国家中的地位不容小觑，可以说乡村强则国家强，乡村富有则国家富有，乡村一旦落后，城乡差距会日益增大，我国综合国力也难以得到提升，由此将会引发一系列的矛盾。

党和国家深刻认识到乡村振兴的重要性，一步步探索乡村发展的完美途径，不断丰富乡村发展的内涵和外延，充分发挥社会主义的优势，始终坚持党的核心领导地位，在党和政府的号召下，调动一切国民力量致力于乡村全面、深化、美好的发展。乡村振兴战略规划是依据中央提出的"产业兴旺、生态宜居、乡风文明、治理有效、生活富裕"这五个要求进行的具体部署和安排，并具体提出乡村产业振兴、乡村人才振兴、乡村文化振兴、乡村生态振兴和乡村组织振兴"五大振兴"的目标和任务。

乡村振兴，教育先行。实施乡村振兴战略，人才是关键，教育是保障。特别是农村教育，对助推乡村振兴具有重要意义。农村教育是指基于广大乡村区域和为了农村发展而开展的一切人才培养活动。农村教育主要包括农村学前教育、农村义务教育、农村高中教育、农村职业教育和农村特殊教育等。我们必须清醒地认识到，受城乡发展不平衡、交通地理条件不便等因素影响，农村教育面临着巨大的挑战。总体而言，当前农村教育还处于较低水平，这跟农村教育当前落后的发展现状密切相关，也充分体现出当前农村发展的人才匮乏问题。因此，大力发展农村教育，培养服务新时代乡村振兴的人才是当务之急。

乡村教育是中国教育的"神经末梢"。从党和国家近年来的政策走向来看，农村教育越来越受到重视，未来教育领域势必会着重解决乡村教育存在的各种问题，着力改变乡村教育存在的"不平衡、不充分的发展"现实状况，逐步缩小城乡差距，用优质教育为乡村振兴注入更大的发展动能。

新形势下农村教育在实施乡村振兴战略过程中大有作为，实现教育脱贫攻坚与乡村振兴的有机衔接，才能全面建成小康社会，有效实现社会主义现代化建设总要求。本书以农村教育作为研究对象，聚焦农村教育改革与发展，力求为地方政府部门教育决策提供咨询参考，也为完善农村教育研究的理论体系、指导农村教育的改革实践做出努力，为我国农村教育的改革与发展助推乡村振兴战略的实施作出更大的贡献。

在编写本书的过程中，作者参考了大量书刊与文献资料，主要参考书籍已在参考文献中列出，但疏漏在所难免，在此向参考引用的书刊文献作者表示衷心的感谢。由于作者水平所限，书中若有错误或不妥之处，恳请广大读者批评指正。

作　者

目 录

第一章　教育脱贫宏观理论研究 ……………………………………………… 1

　第一节　教育扶贫脱贫的内涵 ………………………………………… 1

　第二节　教育扶贫脱贫的作用和意义 ……………………………… 3

　第三节　做实教育扶贫脱贫推动贫困地区经济发展 …………… 9

第二章　教育脱贫的基本思路 …………………………………………… 19

　第一节　教育脱贫的指导思想 ……………………………………… 19

　第二节　教育脱贫应坚持的基本原则 …………………………… 28

第三章　教育脱贫对策研究 ……………………………………………… 35

　第一节　教育资源与结构的优化 ………………………………… 35

　第二节　完善经济政策,切实增加教育投入 ………………… 48

　第三节　深化教育改革 …………………………………………… 50

　第四节　全面推进素质教育 ……………………………………… 70

第四章　乡村振兴战略概述 ……………………………………………… 83

　第一节　乡村振兴战略的背景 ……………………………………… 83

　第二节　乡村振兴战略的内涵 ……………………………………… 86

　第三节　乡村治理如何实施振兴战略 …………………………… 89

　第四节　乡村振兴战略问题探讨 ………………………………… 93

第五章　以乡村振兴战略为统揽持续提升脱贫攻坚成效 ……… 97

　第一节　实施乡村振兴战略,确立脱贫攻坚新目标 ………… 97

　第二节　实施乡村振兴战略,高质量打好脱贫攻坚战 ……… 98

第三节　实施乡村振兴战略,增添脱贫攻坚新动能 …………… 100

第四节　实施乡村振兴战略,增强脱贫攻坚的成效 …………… 102

第五节　实施乡村振兴战略,有效完成脱贫攻坚任务 ………… 104

第六章　乡村振兴战略背景下农村教育发展研究…………… 107

第一节　乡村振兴战略的基本内涵与农村教育的发展任务 …… 107

第二节　乡村振兴战略背景下农村教育发展的政策建议 …… 110

第三节　新时代职业教育助推乡村振兴战略的实施策略研究 …… 118

参考文献 ……………………………………………… 151

第一章　教育脱贫宏观理论研究

第一节　教育扶贫脱贫的内涵

教育可以让贫困人群收获知识、掌握劳动技能进而致富脱贫。20 世纪五六十年代，中外人类研究学家就开始了对教育扶贫的理论研究，他们从经济基础、文化教育、社会现象、观念行为等角度出发，剖析贫困的成因、研究教育对扶贫的作用，等等。"教育扶贫"这一概念本身包括"扶助贫困地区的教育事业"与"通过教育的方式帮助贫困人群或贫困地区脱贫致富"两重含义，简单地说，就是"扶教育之贫"与"通过教育扶贫"，但由于出发点的需求不同，我国政府和学术界对教育扶贫的内涵有着不同的偏向和侧重。

研究教育扶贫，首先要先了解贫困及贫困代际传递起因。美国人类学家奥斯卡·刘易斯（Oscar Lewis）1959 年在《五个家庭：墨西哥贫穷文化案例研究》中提出，社会中的贫困人群在生产过程的相互活动和相近的生活环境中会潜移默化，进而形成一种安于现状不思进取、屈从自然听天由命，对主流现实不敢面对甚至怀疑社会价值体系的生活方式，这种现象就是刘易斯的代表理论"贫困文化论"。在这种环境中成长和贫困文化的熏染下的下一代必然与社会主流文化脱离，习得贫困文化，呈现一种落后思想，心理状态维系着低水平的经济均衡，并在贫困地区发生世代传递。

与刘易斯同一时代的美国学者西奥多·舒尔茨（Thodore W. Schults）提出关于"人力资本投资"的观点，他认为，贫困地区落后的主要原因，不是物质资源的贫瘠，而是人力资本的贫瘠。他在 1960

年发表的《人力资本投资》的演说中指出，加大教育方面的投入，对人力资本的发展具有重要的意义，他认为，人类的未来很大程度上由人口素质和知识投资决定，教育投资的回报率达到17％，是一种回报率很高的投资。20世纪80年代，中国学者王小强、白南风等人对舒尔茨的观点进行了研究及深化，他们认为，贫困人口存在着：易满足、创业冲动低、风险承受度低、独立性差、主动程度低、依赖感高等缺点，通过"教育干预"，可以提高贫困人口的教育水平，达到改变自身现状、提高生活水准的效果。

20世纪90年代我国政府已经开始注意到了素质教育对扶贫的重要性。1997年，林乘东在他的代表作《教育扶贫论》一文中提出了"教育扶贫"的概念，他指出，"教育扶贫就是通过对贫困人口进行素质改造，提高贫困人口劳动力的素质扶贫"的方式。同时他认为，教育可以提升劳动者认知能力、动手能力等个人素质水平，提高劳动者的工作效率，使劳动者个人获得更大的收益与回报，国家和社会则可间接得到更大的劳动产出值与经济收益①。

随之，越来越多的研究人员将目光转向这一领域，多年来，随着社会经济和反贫困工作的发展，大家对教育扶贫的研究也在不断深入和演变，学术界对教育与贫困二者之间的相互关系、相互作用的大方向比较一致，可谓大同小异、略有不同。

中国教育学会会长钟秉林认为，通过教育"使贫困人口掌握脱贫致富的知识和技能，通过提高当地人口的科学文化素质以促进当地的经济和文化发展，并最终摆脱贫困"。通俗地说，就是教育让贫困人群有机会收获知识学习技能，掌握脱贫致富的本领，进而提高劳动者的综合素质，达到致富脱贫的目的。在他看来，作为扶贫的一种重要途径，国家在对某区域进行教育扶助的同时，教育也向国家进行回馈：促进当地的经济和文化发展，扶教育之贫和教育扶贫两者相互促进，共同发展。他

---

① 林乘东. 教育扶贫论 [J]. 民族研究，1997 (3)：43-52.

的观点也代表了部分学者对教育在扶贫中双重属性的看法——教育既是扶贫的目标，又是扶贫的手段，这就是教育在扶贫中的双重属性。

综上所述，笔者认为，教育扶贫就是人们在对贫困地区的教育事业进行扶助的过程中，根据一定的社会需求，使贫困人口、群体通过学到知识技能、提高认知等提高个人整体素质的方式，提升劳动效率和脱贫自信心，进而促进贫困地区经济发展的一切教育活动的总称。这类教育活动具有一定的目的性、社会性和组织性，它的最终目的就是根据原定目标，促使贫困群体和地区达到脱贫致富的结果。简而言之，就是用教育的方法，让贫困人口和贫困地区脱贫致富、避免返贫。

教育扶贫这一概念蕴含两层涵义：一是通过教育的方式帮助贫困人群或贫困地区脱贫致富；二是扶助贫困地区的教育事业。在第一层意思中，"教育"应作动词理解，包含有"通过教育的方式"的意思，体现的是其"手段"的属性；第二层意思中，"教育"应作名词，意思为"贫困地区的教育事业"，体现的则是"目的"这一属性。虽然学术界的研究成果和政府的政策文件中，使用的都是"教育扶贫"这一概念，但因各自侧重点和出发点的不同，两者对教育扶贫双重属性的侧重点自然各有不同。

由于有刘易斯、舒尔茨这类先趋的引领，学术界对教育扶贫双重属性的研究过程一直是一个整体，从未将其分开过，学术界对教育扶贫双重属性的看法也比较一致，没有异议和争端，众多学者在教育扶贫方面的方向基本为如何更好地利用教育这一方式开展反贫困工作，推动扶贫工作的发展，该研究领域发展到今天已经取得了不小的成就。中国政府在教育扶贫方面，历经了从"扶教育之贫困"到"通过教育扶贫"变迁的历程，教育扶贫也逐渐地从单一的扶贫任务，向扶贫手段和扶贫目标两者兼有转变。

第二节　教育扶贫脱贫的作用和意义

通过教育的手段与方式，能够让贫困地区的人们转变传统的观念，提高他们的文化素质与劳动技能，增加他们的经济收入与脱贫自信心，进而提高贫困地区的整体经济发展水平，教育还能让贫困地区的人才队伍思想素质得到更大提升，为贫困地区脱贫攻坚工作打好坚实的智力支柱，推动贫困地区经济实现跨越式发展。

一、可激发贫困人口的内生动力

马克思主义哲学唯物辩证法认为，宇宙间的一切事物都处在普遍联系和永恒发展中。内因是变化的根据，外因是变化的条件，外因通过内因起作用。也就是说事物的内因是事物自身运动的源泉和动力，是事物发展的根本原因。脱贫的根本是自力更生，内因是脱贫致富的核心因素。经过多年的努力，我国一些地区和人口已经逐步实现了脱贫，现如今，贫困不仅是一个经济问题，也是一个社会问题。造成贫困的原因很复杂，除了生活区域资源贫瘠、社会原因等客观因素问题外，最根本的原因还在于贫困群体们"教育贫困"的问题造成他们内生动力不足。

"教育贫困"者接受教育时间普遍较短，一般文化程度不高、脱贫能力弱、文化素质低下，通常有"精神贫困"和"能力贫困"两种表现。如今，部分贫困户由于受教育水平较低，出现了脱贫内生动力不足的现象。因此，要实现我国全面建成小康社会的重大任务，首先就要从贫困户身上找对策。充分调动所有贫困户的积极性，让他们不仅拥有脱贫的能力，也拥有致富的信念，手动起来、心热起来，走出贫困，迈入小康。那么如何才能解决这一本质问题呢？

扶贫工作要"激发内生动力，调动贫困地区和贫困人口积极性""只要有信心，黄土变成金""摆脱贫困首要并不是摆脱物质的贫困，而是摆脱意识和思路的贫困。扶贫必扶智，治贫先治愚。贫穷并不可怕，怕的是智力不足、头脑空空，怕的是知识匮乏、精神委顿。脱贫致富不仅要注意'富口袋'，更要注意'富脑袋'"。通过"治愚"和"扶智"充分激发贫困户的脱贫动力，形成外部多元扶贫与内部自我脱贫的积极互动，才能打赢脱贫攻坚战，确保我国全体人民全面迈入小康社会。

　　教育是解决"教育贫困"、帮助贫困群体们摆脱物质贫困的关键。以西奥多·舒尔茨为代表的"人力资本理论"学派的学者们认为，教育是扶贫的一个重要手段，在培养受教育者读、写、算等各方面能力的基础上，教育能将知识和生产技能传授给劳动者，进而提高劳动者的劳动生产效率和劳动收入。联合国教科文组织也认为，由于直指造成贫困的根源，相对易地扶贫、产业扶贫、信息扶贫等扶贫方式来说，教育扶贫在阻断贫困的代际传递和防止返贫方面，具有其他扶贫方式不可替代的作用。

　　首先，用教育方式针对性的教育扶贫，可以帮助贫困家庭接受较为先进的发展理念，打破传统思维，获得更多的发展机会，使农村家庭收入来源多样化。联合国教科文组织认为，知识面的短缺，使许多农村贫困人口，除了在自家或当地劳动，没有别的选择。但教育扶贫通过有针对的、靶向性的"教育干预"能有效地解决贫困群体因为"教育贫困"造成的"能力贫困"的现象，使他们对社会的反应更为敏锐，增加了他们流动、迁徙和赚钱的机会，使贫困户在地方资源不足、就业岗位缺乏的情况下，能通过获得非农工作的机会以得到更多的收入。同时，外出工作的过程中，又能拓宽他们的眼界，使他们的劳动能力进一步充实，让其获得更多的赚钱机会，形成一个良性循环，充分摆脱"能力贫困"的困扰，达到脱贫致富的目的。

　　其次，针对性地对贫困人口进行教育干预，可以帮助贫困人口学会一些科学知识和专业技术，增强贫困人口的劳动技能，促进脱贫进程。人力资本理论认为，一个人受教育的程度越高，其劳动生产效率也越高。根据联合国教科文组织的研究，平均而言，每多上一年学，预计工资增长10%。教育投资的回报率是随着教育层次的提高而提高的，初等教育为8%，中等教育为16%，高等教育为16%。在有些国家，教育的回报率甚至更高。需要特别注意的是，由于教育能够帮助农民解读新的信息，以便在农业生产中做出更精准的反应，更好地利用现代资源和技术来提高传统作物的产量，开展多样化经营，种植价值更高的作物。

因此，教育对农村贫困人口摆脱贫困的作用更为重要、更为关键。

综上所述，笔者认为，教育扶贫具有打破"教育贫困"的作用。脱贫的关键是贫困群体，扶贫脱贫归根到底也得围绕着贫困群体做文章。只有通过教育扶贫的方式，一是解决"精神贫困"的问题，让"教育贫困"者们有"断穷根、脱穷帽"的强烈愿望，二是解决"能力贫困"的问题，让贫困群体们拥有较强的劳动技能；既有致富的意愿，又有脱贫的能力，双管齐下，扶贫才能达到预期的功效。

二、能促进贫困家庭的代际发展和可持续发展

在扶贫理论研究中，贫困代际传递研究被认为是脱贫的关键之一，而其中最受关注的是如何帮助贫困家庭的儿童去除父辈的影响，获得更强的生存技能及发展能力，破解"能力贫困"的问题，以杜绝贫困的代际传递。根据人力资本学派的理论，"人口质量和知识投资在很大程度上决定了人类未来的前景"，知识投资和教育干预可以影响贫困户的素质，对贫困家庭的经济收入增长起到一定的作用，教育不仅能使贫困个体摆脱贫困，还能阻断贫困的代际传递。究其原因，一般来说，父母受教育程度与子女的受教育程度在一定范围内是成正比的，家庭贫困对儿童的影响，一是因为家庭经济落后，使贫困儿童无法得到较好的物质生活和物质传承；二是因为家庭贫困，进而影响到儿童早期身体和智力的发育；三是因为父辈知识文化匮乏，大多数贫困人口只能从事技术含量低、收入偏少的工作，他们供给孩子上学的能力以及要供孩子上学的意识等都相应比较低，给子女进行人力资源投资的能力也相对较弱。因此，贫困家庭里的第二代接受教育机会也会相应减少，个人技能方面也相对低下，很多贫困家庭的儿女很早就辍学进入职场，由于受教育程度低、劳动技能差导致他们的收入水平低、抗风险能力差，一旦出现不可抗因素时，发生再返贫的可能性就十分大。

布劳（Blau）和邓肯（Duncan）推出的"布劳-邓肯模型"（"地位获得模型"）是研究父辈教育以及贫困代际传递的经典模型。该模型通

过对先赋性因素和后致性因素这两个核心因素进行量化分析，其中父辈的职业地位、父辈的教育程度，这两个无法通过子女自身的努力来改变的因素被称之为先赋性因素；后致性因素包括本人的教育程度、初始职业地位、现在职业地位，后致性因素在一定程度上，通过自身的努力是可以改变的。"布劳-邓肯模型"通过对这五个变量之间的关联与影响进行研究后得出结论：父辈职业地位与教育程度以及被研究者个人的教育程度越高，则被研究者个人的初始职业地位和现有的职业地位就会相应地越高。这一研究，反映了父辈职业地位、教育水平对子辈社会地位的影响程度。根据分析得知，父辈的受教育程度和职业地位对其儿女长大后的社会地位和经济地位具有较大的影响，这从另一角度说明了贫困在代际间传递的可能性较大。简单来说，就是贫困家庭中父辈的文化程度越低，子辈受到贫困影响的可能性就越大。

近年来，虽然中国政府一直大力推行各种政策以解决国内的贫富分化、阶层固化等问题，但城乡间、东西部之间的贫富差距是不争的事实。一个重要原因就是"教育壁垒"带来的消极影响，贫困家庭里父母一代由于受教育程度低，人力资本投入不足，无可避免地将劣势传递了下去；第二个原因就是，相对文化程度高的家庭来说，文化教育度不高的贫困家庭的父母对产前、孕期、抚养、教育等方面的认识不足，缺少科学的知识，进而影响到下一代的智力、情感、身心健康等各方面，在语言、认知、记忆、判断等方面也会产生不利的影响，让下一辈"输在起跑线上"。

现如今，许多贫困家庭之所以被贫困缠身、难以摆脱，一方面是因为贫困地区经济落后、缺乏致富渠道；另一方面是因为贫困地区的教育水平跟不上，导致贫困户观念落后，劳动技能及脱贫致富的信心不足。具体原因，一是现如今我国教育扶贫供给量还无法满足需求量，特别是一些偏僻贫困地区的贫困户，得到教育培训的机会很少，仅有的教育培训也难真正起到帮助贫困户脱贫致富的目的。二是因为人力资源的投资周期比打工挣钱的周期相对要长、获利效果也不明显，不少贫困家庭由于自身文化素质低，眼光短浅，加上周边一些贫困户"等靠要"反而受利的负面影响，对人力投资的兴趣不大。三是贫困地区的人们大多从事体力劳动，技术含量偏低，教育对生产效率以及当地经济发展带来的收益效果不明显，如果国家不加以引导和宣传，从贫困户到地方政府对教育扶贫的重要性了解不足，对教育扶贫的积极性也就不高。

百年大计，教育为本。教育是民族振兴、社会进步的基石，是提高贫困人口素质、促进贫困地区经济发展的根本途径。劳动者素质的形成，很大程度取决于教育的功效；贫困地区经济的发展，很大程度取决于教育。有质量的教育，能促进贫困家庭的代际发展和可持续发展。

因此，在促进贫困地区经济水平、生活条件提升的过程中，加大教育干预力度，提高贫困家庭受教育程度，可以让贫困家庭树立优生优育和科学抚养的理念和意识，让贫困家庭的儿童在先天智力发育方面与发达地区的孩子站在同一起跑线上，还可以提高贫困人口的思想理念，让他们理解人力资源投资的重要性，如此才能使贫困地区的贫困家庭、贫困户摆脱贫困，起到阻断贫困的代际传递的作用。

三、能提高贫困地区的整体发展能力

消除贫困，要从源头抓起；教育扶贫，不仅要扶智，也要扶志。教育不仅是促进个人与家庭脱贫致富的重要方法和手段，还是促进贫困地区经济增长的核心因素。教育扶贫可以通过教育的手段提高劳动者的个人素质，进而提高劳动生产力，促进贫困地区的经济增长。

首先，受教育的程度决定了贫困地区人才队伍整体素质的高低。

其次，教育还是贫困地区精神文化建设和整体发展的思想保障。教育越发达的国家与地区，人们对自身权益的关注度和保护意识就越强，对腐败和犯罪的容忍度就越低。在法律、经济、社会地位等方面追求协调发展的今天，受教育程度较高的人，相对来说工作比较稳定，收入也比较高，他们更倾向于采用合法途径增加收入，当自身利益受到侵害时，他们也更倾向于用法律维护自身正当权利，可以说，教育是减少腐败、打击犯罪的思想基础。而相反的，受教育少就容易给社会带来安全隐患，不利于贫困地区的精神文明建设和整体发展。

最后，近年来，人们对教育的功效和作用越来越了解，在具有以上作用的同时，教育还具有保护贫困地区消费环境、提高贫困地区消费水平、推动贫困地区经济发展的重要作用。教育落后的地区，一般人们的思想境界就会相对较低，环境保护和消费环境方面的保护意识都会相对淡漠。

为此，仅靠对贫困地区投入资金、减少税收是远远不够的，这些只是外部条件，"治标不治本"。想要从根本上完成扶贫开发工作、赢得脱贫攻坚战的全面胜利，必须通过各方面加大教育扶贫力度，提高贫困地区贫困人口的整体素质和思想理念，这才是促进贫困地区经济增长，完成我国全体贫困地区脱贫摘帽，全国真正迈入小康社会的长远之计。

科技兴国，教育强国。教育能推动贫困地区的脱贫致富，促进贫困地区经济的发展，又有利于贫困地区的和谐与稳定；教育扶贫可以通过教育的手段提升贫困人口的科学文化素质和思想理念，进而促进贫困地区的生态环境保护，推动贫困地区的整体发展和科技普及；长期开展教育工作还能彻底改变贫困人口的精神面貌，对贫困地区的整体建设与发展产生各方面积极的影响。因此，"再穷不能穷教育"，教育扶贫对我国打赢脱贫攻坚战具有重大的意义。

第三节　做实教育扶贫脱贫推动贫困地区经济发展

"扶贫既要富口袋，也要富脑袋"。随着我国精准扶贫工作的不断推进，教育扶贫不再只是扶助的对象和任务，作为最根本的精准扶贫方式，从个体层面来说，教育扶贫可以帮助贫困个体和家庭摆脱贫困、通向幸福；从整体层面来说，教育可以促进国家的经济增长以及社会的和谐稳定，教育扶贫已经作为一种新兴的扶贫方式，越来越得到我国政府与社会的关注。

　　教育在扶贫中的作用虽然重大，但不可否认的是，我国贫困地区的教育基础相对较弱，加上我国人口基数大、贫困人口总数众多等原因，我国教育扶贫的任务任重道远。因此，如何在现有的条件下，加强统筹、压实责任，更好地推动脱贫致富，最终达到消除贫困以及贫困代际传递的目的，是我国从中央到地方政府都要认真考虑的重大问题。

一、进一步完善教育扶贫脱贫的顶层设计

（一）做好教育脱贫工作要有"一盘棋"意识

　　脱贫攻坚不只是经济问题，更是一个系列工程。教育部门要转变观念、立足高远，统筹谋划、统筹部署、统筹推进，牢固树立"扶贫工作一盘棋"的意识，加强从上到下、从内到外的协调与合作。"发展教育脱贫一批"应与"发展生产脱贫一批、易地扶贫搬迁脱贫一批、生态补偿脱贫一批、社会保障兜底一批"（以下简称"四个一批"）相互协作，争取做到以点带面，共同推进，你中有我，我中有你。一是各部门的扶贫工作应从传统扶贫工作中各自为政、单打独斗向各部门联合、共同推进协调发展转变。国家、政府及相关部门在推进其他"四个一批"工作时，要同步考虑教育扶贫工作，可以通过"产业＋教育"或"产教融合"等方式，将教育融入扶贫工作中，在易地扶贫的过程中，幼儿园、小学、中学以及相关的教育设施建设也必须加入扶贫规划之中，同时，要加大重视教育扶贫给脱贫攻坚工作带来的正面效应，如缓解贫困地区人们"精神贫困"和"能力贫困"的现象，加快脱贫攻坚工作效率，等等。二是教育部门要做好内部设计。各地教育局、教育部门要会同各地扶贫部门，摸清贫困地区教育情况，结合自身实际，编制科学合理的教育扶贫行动计划，加强普通教育和全日制脱产教育的同时，大力推广职业教育和短期教育，统筹兼顾，形成教育扶贫整体效应。同时，各贫困

地区的地方政府要从脱贫攻坚大局出发，加强保障，在资金、政策等各方面提供尽可能多的支持。

（二）更新理念补齐"教育贫困"短板

传统的扶贫方式虽能让贫困地区"解一时之困"，却难使其"致永久之富"，教育扶贫是精准扶贫的工作重点之一，只有以提高贫困人口的思想素质和劳动能力为重点，让贫困地区的"教育贫困"者们，既摆脱"精神贫困"又摆脱"能力贫困"，打破"教育贫困"的恶性循环，变"输血"为"造血"，才能推动教育脱贫、教育富民、教育安民等一系列工作的开展，为贫困地区注入科技基因，促进贫困地区的发展。

扶贫先扶志。思想是行动的先导，扶贫不是慈善救济，而是要引导和支持所有有劳动能力的人，依靠自己的双手开创美好明天。地方政府要与教育部门联合，围绕着帮助贫困群体摆脱"精神贫困"的工作重点，从"根"上着力。扶思想、扶观念、扶信心，通过宣传引导、文化引领、典型带动等各种方法，帮助贫困群众破除"教育贫困"，树立摆脱困境的斗志，引导贫困群众"愿脱贫"。一是进一步细化"教育贫困"者。要在精准识别的基础上，将贫困群体有针对性地进一步分类、细化。将具有劳动能力的"精神贫困"者，与"精神、能力都贫困"者区分开，针对不同类型的"教育贫困"者的特点，安排不同的学习内容，提出不同的要求，以便进行不同内容的教育干预，做到层次分明，重点突出。二是教育培训活动常态化。加强对"教育贫困"者的思想道德教育，通过当地政府、后援单位组织，邀请政府人员讲政策法规，邀请致富带头人讲致富思路和方法，邀请种植养殖业专家讲技术，提高贫困群众自身发展的意识和能力。三是加大媒体宣传力度。在报纸、电视及新媒体等开辟专栏，广泛宣传致富典型和自立自强的脱贫案例，引导贫困群体充分认识到，脱贫致富要靠自己。四是充分发挥致富典型的正面作用。要优选脱贫示范项目，培育脱贫引路能人，政府要通过对勤劳致富的脱贫典型进行表彰奖励，为扶贫做好正确引导，扩大示范引路效应。

扶贫必扶智。能力是脱贫的基础，通过加大人力资源投资，加大教育扶贫力度，"授人以渔"，保障贫困地区、贫困群体"能脱贫"。作为提升贫困地区发展能力的重要途径和关键，第一，贫困地区的教育扶贫不仅要重视基础教育也要重视职业教育、技能培训等。基础教育可以打破贫困，斩断贫困代际传递的链条，不让贫困地区的孩子"输在起跑线上"。"授人以鱼不如授人以渔"，职业教育和短期的技能教育，能全面提高人力资源素质，增强贫困户、"能力贫困"者们自身的造血能力，让他们成长为有本领、懂技术、会脱贫的劳动者，达到"个个受教育，人人有技能，家家能致富"的发展目标。第二，以探索教育扶贫新模式为总体思路，不断开创教育扶贫的新模式、新方法，通过"教育＋产业""互联网＋教育"等模式，将人才能力提升与人力资源建设对接、科研技术与市场资源对接，达到效能转化的目的，提升贫困地区与贫困群体的发展能力。教育部门要拓展思路、大胆创新，围绕着脱贫致富和促进该地区地方产业转型升级和提质增效的最终目标，集聚各地的成功经验，把科教融合、产教融合、校企合作等各种成功经验与先进模式引入贫困地区的教育扶贫工作之路，进一步深化职业技术院校在招生就业、技术培训、资源共享、专业建设、课程开发、学校管理等各方面的合作，提升教育扶贫服务贫困地区的地方经济社会发展的能力。第三，落实贫困地区教育改革发展推进计划，将产业规划与教育规划两者相互结合，落实教育改革创新，探索新机制新模式，以产教融合、经济转化为重点，为教育扶贫工作升级助力，结合贫困地区当地独特的自然条件和旅游资源等，深度挖掘本地区自身发展潜力，发展当地特色优质产业，为区域发展提质增效。第四，贫困地区的发展能力要以提升贫困地区干部及群众人才队伍质量为导向，推动本地人才培养工作的发展。通过对贫困地区的实践、调研，把产业规划与教育规划相结合，形成具有示范推广性的产教融合应用型人才培养模式、模块化课程体系和创新型教材等，提高贫困地区高校的教育教学水平和应用型人才培养质量；为决战脱贫攻坚、共同脱贫致富奔小康提供强大的智力支持与人才基础。

二、创新机制提升教育扶贫脱贫实力

（一）做好教育脱贫工作要有创新意识

发展是促使贫困地区脱贫致富的第一要务，而创新是实现跨越发展的关键点。教育扶贫不能只停留在口头上，教育部门以及地方政府应以更大的决心、更清晰的思路、更有力的举措，全面深化教育改革，积极深入基层、问计于民、问需于民，紧紧围绕着贫困群体的需求，将创新提高到战略发展的高度。在教育对贫困群体确定能产生能动作用的前提下，以创新为动力，以规划为引领，以项目为平台，努力探索教育扶贫的新方式好方法，形成多位一体、生态的教育扶贫脱贫模式，大力激发贫困群体的内生动力，持续释放脱贫活力。提高脱贫攻坚成效，关键是要找准路子、构建好的体制机制。比如，"互联网＋教育"的模式，不但可以实现信息化与扶贫攻坚深度融合，还有助于突破地理阻隔与空间障碍，实现优质教育资源共建共享；有助于提升农村教师素质，构建以学习者为中心的学习环境和教学形态；有助于跨越千山万水，搭建留守儿童与父母沟通的情感桥梁；有助于缩小城乡数字鸿沟，让贫困人口享受信息化的阳光雨露。

（二）加大贫困地区人力资源培养力度

俗话说，"比贫困更可怕的是无知"。随着我国大力推行脱贫攻坚工作，金钱、物质已经不是贫困地区最稀缺的资源，人力资源不足，已经成为我国脱贫路上一道不可小看的障碍，人才建设才是解决贫困问题的关键。现如今，中国贫困地区人才短板的现象还很严重，主要表现有：一是缺乏高水平的领导干部，二是缺少专业的技术人才。教育扶贫不应只是直接的资金与物质投入，更重要的是要解决教育基础设施落后、教育资源发展不平衡以及人力资源不足的问题。为解决高水平领导干部缺失的难题，政府应给予更优惠的人才引进政策，让他们有动力到偏远山区工作。同时，积极发挥人力资源培训机制，针对贫困地区的新引入人才队伍进行人才建设培训设计，出台贫困地区实用人才、新型农民培养计划、东西部职业教育协作计划等，从大学生村官、农业大学毕业生、乡村干部、对口帮扶、农民培训等多方面着力，针对不同的人群，进行教育培训，不仅要"引进来"一支优秀的人才队伍，还要将这支人才队伍为贫困地区"留得下"。

（三）整合社会教育资源，统筹教育扶贫的共享机制

我国脱贫攻坚工作的目标是全面建成小康社会，这一目标的重心在"全面建成"上而不是在"小康"上。"小康"的重点在于这一目标的"发展程度"，而"全面建成"强调的是这一目标的"协调性、平衡性和可持续性"。因此，在全面建成小康社会的推进过程中，在大力发展经济、消除经济贫困的同时，也要积极推进教育扶贫与其他扶贫的协调发展。目前，国家不断提高教育扶贫脱贫工作的地位，各种资源涌入教育行业，要想教育扶贫脱贫工作的整体效益发挥出更高效的作用，第一，我们应该统筹好现有的城乡教育资源和教育基础设施，加快推进贫困地区教育扶贫工作，坚持"以点带面""一盘棋"意识。积极整合各级政府手上的教育资源，通过各行业间的统筹，打通统筹规划，整体设计，分步推进，以及教育部门内部的跨年度、跨层级合作、统筹，解决贫困社会发展相对滞后、教育基础差、接受教育不平衡的问题。第二，我们应围绕着服务扶贫脱贫的大局，坚持政府教育扶贫与社会教育扶贫两条腿走路的方式。教育部门、扶贫办以及后援单位等政府部门应积极联系并整合各种社会教育资源，结合"扶贫＋扶志＋扶智"的需求以及教育部门的教育资源的空缺，突出"实用为主"的原则，按需引进，两支队

伍共同合作，协同创新，实现效益最大化，推进教育扶贫的发展。同时，教育扶贫过程中，应突出当地教育发展的先进典型，充分发挥先进典型的模范带头作用，使贫困地区的教育服务水平尽快接近全国平均程度。

(四) 科学评估机制助力教育扶贫可持续发展

科学的评价机制能使教育扶贫工作的针对性、有效性和可持续性进一步提升。扶贫开发工作的考核应该在政府扶贫开发信息体系及全国农村贫困监测系统等政府考核的基础上，适当引入第三方评估，采用专项调查、抽样调查和实地核查等方式，对相关考核指标进行评估，充分发挥社会监督作用，使各项脱贫数据更加可靠、更加公正。将第三方评估引入教育扶贫之中，积极发挥评估的导向作用，实现适时动态监测，不但能切实减轻基层负担，还能助力教育扶贫，激励贫困地区进一步推进教育扶贫工作，确保教育扶贫的成效，在扶贫脱贫进程中起到积极作用。

三、将贫困人口转化为人力资源反哺地方经济发展

(一) 靶向施策，针对不同教育群体分类进行教育扶贫

我国教育扶贫的对象分为建档立卡学龄前、义务教育阶段、高中教育阶段、高等教育阶段和学龄后五个阶段的教育群体。面对我国贫困地区教育资源相对落后的现状，我们要科学地设置教育扶贫的形式，对各年龄段的群体进行分类教育，才能真正达到阻断贫困代际传递的目标。第一，教育扶贫"从娃娃抓起"，对儿童早期发展进行干预。国家应进一步整合资源，加大对学龄前教育的投入力度，保障贫困地区的孩子都有机会接受学前三年教育。国家贫困地区儿童营养改善项目、学前教育三年行动计划等大型活动也应继续推行，加大力度解决普惠性学前教育资源不足、幼儿教师队伍不足的现象，逐步形成以公办园为主，社会办

园为辅的学前教育服务体系。第二，义务教育阶段的教育扶贫工作应围绕着义务教育"普及、免费、强制"的三个特点开展，积极开展"圆梦行动""育才行动""雨露计划"等扶贫助学活动，结合"精准识别""一帮一联"等活动，为困难学生建档立卡，提供资助，并加大宣传、动员力度，保障建档立卡贫困家庭的孩子都能上学，不让"因贫辍学"的事件发生。加强教育资源布局的优化力度，不断加强教育基础设施建设，向贫困地区全面实现标准化办学的目标努力，切实解决好特殊儿童的教育问题。第三，高中教育阶段的教育扶贫应通过普通高中教育和职业高中教育两个方面共同开展的方式，保障贫困家庭里的初中毕业生们都能接受高中阶段教育。对普通高中的教育扶贫，主要是解决贫困地区教育资源不足的问题；职业高中方面，国家及地方要落实好助学贷款、助学金评审制度，使没能进入普通高中接受教育的高中学龄段的孩子，能进入职业高中，掌握一技之长，努力实现"教育一人、脱贫一家"的目标，促进全家脱贫致富。第四，在高等教育阶段，要大力推进贫困生生源地助学金贷款，为建档立卡户、低保户大学生优先办理生源地贷款手续。同时，通过各种制度、机制、评估体系等，加大教育扶贫的公开透明，继续拓宽流动通道，进一步扩大东西部高校联合招生规模，使贫困地区的孩子有更多机会接受高等教育。第五，对于学龄后的成年贫困群体，要在精准识别的基础上，针对不同类型的"教育贫困"者的特点，安排不同的学习培训内容，帮助他们脱贫致富。

（二）实施应用型人才培训，着力提高农民技能水平，增加农民收入

没有技能，任何产业都无法开展，因此，加强技能培训，提高农民的生产技能，是教育扶贫脱贫的关键。应用型人才培训，一是可以参考澳大利亚技术与继续教育（TAFE）模式，秉承终身学习、应用为主的发展理念，围绕着解决贫困群众"能力贫困"的目的，开展更多针对性

强、灵活性强的教育与培训项目，积极探索"长期＋短期""到校＋远程教育"等应用型人才培训模式，以及产教融合、送教下乡等各种方式相结合的方式，为贫困群众提供两次甚至反复教育的机会，进而帮助"能力贫困"者们消除因家族贫困造成的"能力贫困"现象，增加脱贫致富的机会。二是国家及政府部门继续加大投资力度，通过委托职业院校、高校等为贫困人员提供学习机会，开展职业技能培训等。

（三）优化农村地区创业环境，吸引人才回流发展

人才是经济社会发展的第一资源。然而近年来，贫困地区中、高学历人口外流比重较大，这对贫困地区脱贫致富是十分不利的。然而，在中国现阶段城乡发展不均衡的现实背景下，高学历、高水平人才留在就业条件、公共服务等各方面条件均更为丰厚的发达地区是正常的选择和大势所趋，但是这在客观上也就造成了贫困地区人力资源匮乏、人才队伍质量不高的现实，单纯依靠教育扶贫、加大贫困地区教育投入的方式，短期内很难打造出大批量的高学历、高素质人才。在加大投入的同时，应积极搭建吸引人力资源回流的平台，努力将高学历、高素质、有能力的人"引进来，留下来，干起来"。

扶贫脱贫，教育为本，教育扶贫是新时代中国特色社会主义扶贫工作理论与实践的创新。教育扶贫虽然功效显著、意义重大，但不可能一蹴而就。我们应看到这项工作的长期性和复杂性，按照中央的部署，"输血"和"造血"并举，会同政府及社会力量，解决好教育基础设施落后、教育资源发展不平衡的问题，努力实现贫困地区"人人能上学、个个有技术"的目标。"扶智"和"扶志"并重，努力解决贫困地区"精神贫困""能力贫困"的问题，激发贫困群体的内生动力，主动脱贫致富，奔小康。积极探索形成一批产教融合、校企合作的具有示范推广价值的人才培养模式，努力提高教育扶贫脱贫的教学水平和应用型人才培养质量，使教育扶贫为我国的脱贫攻坚工作出力，为脱贫攻坚战的全面胜利作出应有的贡献。

第二章 教育脱贫的基本思路

第一节 教育脱贫的指导思想

"贫困地区发展要靠内生动力。"内生动力本质上是人的主观能动性，贫困群众脱贫的主体是群众，只有群众本身具有强烈的脱贫内生动力，有摆脱贫困、实现全面小康目标的内在自觉，才能迸发出强大的驱动力量，从而打赢脱贫攻坚战。当前，贫困户脱贫内生动力不足的问题在一些地方不同程度地存在，主要表现在：一是部分贫困户把贫穷当作一种习惯，主观上或不具备脱贫摘帽的心理准备，或缺少主动脱贫的意愿。二是受条件所限，部分贫困户发展信心不足，不敢突破自身局限脱贫致富。三是部分群众由于发展生产要素短缺，虽然有脱贫致富的想法，但心有余而力不足。四是部分贫困户找不到脱贫的切入点和突破点，不知如何脱贫。针对贫困群众内生动力不足问题，我们要"注重扶贫同扶志、扶智相结合"，激发贫困群众脱贫攻坚的内生动力，形成内在的自我脱贫与外在的多元扶贫互动机制，开展多层次多渠道多形式的扶贫开发、扶贫培训、贫困助学，改造贫困农户的依赖思想和守旧意识，广泛激发和调动贫困群众参与精准扶贫、精准脱贫的积极性、主动性，逐步提高贫困农户自我发展能力，实现可持续、有质量的脱贫，确保贫困县（区）摘帽、贫困人口彻底脱贫，最终走向共同富裕。

一、扶贫同扶志、扶智相结合

智和志是脱贫攻坚的内力、内因。没有内在动力，仅靠外部帮扶，不能从根本上解决问题。因而要从根本上打赢脱贫攻坚战，必须激发贫困群众的内生动力。

（一）扶贫与扶志相结合

哲学家王阳明说："志不立，天下无可成之事，虽百工技艺，未有不本于志者。"穷并不可怕，可怕的是，穷不思变，安于现状，缺乏致富的决心和动力。扶贫先扶志，一定要把扶贫与扶志有机地结合起来，既要送温暖，更要送志气、送信心。弱鸟可望先飞，至贫可能先富，但能否实现"先飞""先富"，首先要看我们头脑里有无这种意识，贫困地区完全可能依靠自身努力、政策、长处、优势在特定领域"先飞"，以弥补贫困带来的劣势。如果扶贫不扶志，扶贫的目的就难以达到，即使一度脱贫，也可能会再度返贫。如果贫困群众缺乏主动脱贫之志气，扶贫工作就会事倍功半。所以，"扶志"尤为重要，通过"扶志"把贫困群众自己主动脱贫之志气"扶"起来，让贫困群众脱贫的腰杆硬起来，脱贫的点子多起来。一是在脱贫攻坚过程中，提升贫困群众脱贫攻坚的信心。要淡化"贫困县意识"，"人穷不能志短"，因此，脱贫攻坚过程中，要把物质扶贫和精神扶贫结合起来，要在逐步摆脱贫困的现实中增强自信心，在了解其他方面的扶持政策中增强自信心，在学知识、学技能、强素质中增强自信心，以脱贫致富的正面典型为榜样，找到今后继续改善生活的努力方向和实现途径。二是要激发贫困群众的志气。要让他们彻底告别贫困，必须做好扶志工作。要通过教育、引导，让农民有"我要脱贫"的迫切愿望，才会"人穷志不穷"地发奋脱贫。要用优秀的传统文化资源激发人的奋斗精神。我国传统文化的精髓之一就是"刚健有为"，强调人精神意识的主动进取而不是被动等待，是积极向上而不是消极慵懒，是自强不息而不是碌碌无为。三是树立上进心。落后的观念和甘于贫困的思想是导致贫困的根源所在，正所谓"扶贫先扶志，致富先治心"，扶贫要从扶"心"开始，向贫困群众注入积极进取观念成为关键。要引导贫困群众树立"苦熬不如苦干"的观念和"勤劳致富光荣"的思想，在脱贫攻坚中不做旁观者，不做局外人，切实依靠自身努力增加收入，通过勇于拼搏、不畏艰难的上进心，改变贫困落后面貌。

（二）扶贫与扶智相结合

摆脱贫困需要智慧，培养智慧教育是根本。教育是拔穷根，阻止贫困代际传递的重要途径。再穷不能穷教育。贫困群众之所以深处贫困状态，与其受教育程度、文化水平和技能知识有关。一定意义上，贫困群众的智力水平很大程度上决定了富裕化程度。因此，在"扶志"的同时还要"扶智"，要通过职业教育、农技推广，拓展信息流通渠道，培育贫困群众的科技素质、职业技能、经营意识，提高贫困人口的自我发展能力。一是提高科学文化水平。在扶智上，除了教育和培训外，还要重视参与式的方法，让贫困人口参与各种类型的帮扶项目，边干边学，边干边提高能力。二是提高专业技术水平。紧盯贫困农村特色产业、着眼就业市场需求、突出带动效应，因地制宜地实施农村实用技术培训、劳动力转移培训和扶贫创业致富带头人培训，为贫困农村产业发展和贫困群众增收致富提供技术支撑。

二、发挥教育引导在激发内生动力中的作用

贫困群众是脱贫攻坚的主体力量，为实现脱贫的目标应激发贫困群众的内生动力，充分释放其蕴藏的脱贫致富巨大能量，并把它们转化为脱贫致富的动力。精准打好脱贫攻坚战，要着眼于贫困地区、贫困人口长远、可持续发展，发挥教育引导在激发内生动力方面的作用，充分调动贫困群众的积极性和主动性。

（一）加强教育工作，转变贫困的思维方式

解决贫困群众的贫困问题，"授人以鱼不如授人以渔"。给贫困群众提供一个成果，不如给他们一个得到成果的方法。一个经过实践检验的经验或者说方法可以改变人们的思维方式，思维方式变得不同了才会得到不同以往的生活。贫困群众摆脱贫穷的方法，首先是改变贫困群众自己。一要加强对贫困群众的教育和引导，帮助他们在思想上树立起脱贫致富和自我发展的决心、苦干实干的恒心。在教育引导下，提升贫困群

众的奋斗意识，增强贫困群众的参与度，以扶贫"参与感"带动脱贫"获得感"。二要加强对贫困群众的宣传、引导、教育，打破贫困群众固化的"无奈穷"思维倾向。要善于用周边人群中的致富经验和事迹教育引导贫困群众，提高贫困群众自我认知能力，挖掘贫困群众自我发展能力。三要通过教育，唤起贫困群众对美好生活的向往。在教育过程中，隔断导致贫困的负面因素，净化社会生态，增强贫困群众打赢脱贫攻坚战的坚强意志。

（二）加大教育扶贫，斩断代际传递的"穷根"

要坚持把教育扶贫作为实施精准扶贫的重点，建立健全学生助学体系，发展职业教育，强化技能培训，改善农村薄弱学校办学条件，让每一位贫困学子上得了学，成得了才，就得了业，真正帮助他们斩断"穷根"；要真正落实好国家和自治区党委、政府有关教育扶贫的政策，结合贫困县（区）实际，让贫困家庭的孩子都能享有公平接受有质量教育的机会，不让他们成为代际贫困的"接力"者；要逐渐建立并完善覆盖农村的幼儿园，不让贫困家庭的孩子输在人生的起跑线上。按照定点定向原则，努力构建到贫困村、贫困户、贫困人口的教育精准脱贫体系，落实多元扶持与资助政策。大力实施"雨露计划"，落实贫困家庭子女在中、高等职业院校就读的补助政策，完善各类教育资助方式，实现贫困学生资助全覆盖。

（三）增强道德文化教育，提高文化水平

要弘扬和培育社会主义核心价值观，抓实各类文明创建和评比活动。以"实现中华民族伟大复兴中国梦"、中华优秀传统文化、社会主义核心价值观等主题宣传活动和"道德模范""清洁家庭""文明户"等荣誉称号的评比活动为载体，在农村贫困群众中大力营造弘扬和践行社会主义核心价值观的社会氛围。在集镇、各村村口要道、人员聚集地、村委会、村组活动室、公路沿线悬挂张贴社会主义核心价值观宣传横幅、标语、展板，张贴中华优秀传统文化、文明新风等。要发扬中华民

族孝亲敬老的传统美德，引导人们自觉承担家庭责任、树立良好家风，强化家庭成员赡养老人的责任意识，促进家庭老少和顺。要弘扬中华民族传统美德，勤劳致富，勤俭持家，树立新风正气。要通过移风易俗的教育引导，倡导文明新风，进一步形成尊老爱幼、文明健康、遵纪守法的社会风尚。通过开展"道德评议""家风润万家""星级文明户评选"等符合乡村实际的文明引领活动，设置光荣榜、曝光台，向不良风气"亮剑"，加强道德教育，传播道德能量，遏制不良风气，移风易俗，让人心向善、人心向美，让道德精神成为激励贫困群众自立、自强、自信，推进脱贫致富的强大动力。

（四）加强宣传教育，注重思想扶贫

充分利用村民小组会、院场会、入户会等会议形式，利用村广播、宣传专栏、标语板报等宣传形式，利用手机短信、微信、微博等现代宣传手段，经常性地向广大群众特别是贫困群众精准宣传脱贫政策、法律法规、健康知识、文明礼仪等，在宣传时间、形式、方法等方面一定要符合群众的实际需求和口味，让群众易于接受。要把群众宣传教育融入日常工作中，经常抓，长期抓。要用文明习惯促"变"。要改变贫困群众的精神面貌，就要从改变其不良的生活习惯、卫生习惯等开始，从而提振精气神。要组织开展"清洁家园"卫生户的评选活动，定期评比公开，激发竞争意识。要从小事抓起，从细节抓起，让贫困群众从一点一滴的"小变化"最终积累成翻天覆地的"大变化"。通过全方位、多角度的思想扶贫，逐步改变贫困群众的思想观念、精神面貌，使其树立自强意识、感恩意识、进取意识和勤劳致富意识，充分激发其脱贫的内生动力。要积极开展文艺培训和文艺进村巡演活动。充分利用文艺节目、文化活动等一系列群众喜闻乐见和参与度高的文体活动，把党和国家的各项好政策、积极向上的思想观念和健康的生活习惯编排进文艺节目中，并不定期进村开展文艺巡演，同时加大对各村文艺骨干、文艺队的培训和文艺活动的支持力度，以潜移默化的方式引导群众树立正确的价值观和良好的生活习惯。

三、发挥脱贫致富典型的示范引领作用

贫困地区要根据项目需求、产业发展需求，有针对性地开展技术培训，引导龙头企业、致富能人发挥示范带头作用，通过培训示范，技术指导，让贫困群众掌握致富技术，提高他们的综合素质，提高他们增收致富能力，提升他们自我发展能力，激发他们的内生动力，努力形成乡乡有主导产业、村村有富民项目、户户有增收门路、人人有致富技能的产业增收新格局，确保贫困群众脱贫致富。

坚持以典型引路为重点，树立标杆，优选脱贫示范项目，培育脱贫引路能人，推动贫困群众脱贫致富。榜样的力量是无穷的，典型示范、能人带动是长期以来行之有效的好方法。一是发挥能人大户的带动作用。脱贫攻坚中，要有针对性地加大对贫困地区致富大户的扶持力度，通过资金、项目、政策的支持，为致富大户发展创造条件，鼓励致富大户发展因地制宜的脱贫项目，并通过这种示范和带动作用，让贫困群众能够学有目标、赶有方向。二是要发挥致富能人的带动示范作用，选好致富能人，采取先富带后富的方法，实现最终走向共同富裕的目标。要完善致富带头人与贫困户的利益联结机制，以便其充分及时地为贫困群众提供劳动力流动服务、农产品市场信息、农技培训和推广、农业生产风险防控和保险等农村生产性服务，为贫困户提供信息咨询、技术指导、经营培训、资金扶持等服务，让贫困群众跟着看，学着干，同致富。三是要因地制宜，发挥"能人＋合作组织＋龙头企业"的作用。在致富能人、合作组织、龙头企业的带领下，通过乡村旅游、"农户＋基地＋企业（合作组织）"等可持续的脱贫产业，帮助一批贫困群众形成脱贫的"底气"和"志气"。四是发挥典型的宣传示范作用。在脱贫攻坚中发掘贫困群众自立自强、勤劳致富的各种典型事例和典型人物，通过群众身边的这些鲜活事例，让广大贫困群众切实打消能不能脱贫致富的疑虑，增添依靠自身努力同样也能致富的信心。五是深入挖掘典型的精神内涵和脱贫经历，营造浓厚宣传氛围，进一步扩大典型的影响力，

扩大示范引路效应。通过开展脱贫示范户创建活动，激发脱贫对象想脱贫、争脱贫、比脱贫的热情。开展"我脱贫，我光荣"等评选活动，用身边的事教育身边的人，进一步提高典型的影响力，扩大示范引路效应。

四、精准抓好培训就业

精准抓好贫困群众的就业培训，让贫困群众掌握致富技能和农业科技，增强个体发展能力，解决自我脱贫能力不足的问题，激发贫困群众的内生动力。事实证明，贫困群众的劳务收入占其年收入的比例较大。要紧紧围绕脱贫攻坚，按照"要富口袋先富脑袋"的思路，强化劳务培训，全面实施技能扶贫，确保贫困家庭劳动力至少掌握一门致富技能，解决贫困群众自我脱贫能力不高的问题，激发贫困群众的内生动力，实现"一户一人、一人一技、一技促脱贫"的要求，最终脱贫致富。

（一）整合资源，加大就业创业培训

要统筹使用各类培训资源，引导和支持用人企业在贫困乡镇建立劳务培训基地。要有效整合分散在扶贫、人社、妇联、残联、工会、农林科技等多个部门的技能培训项目资源，由人社部门统一制定技能培训项目规划、统一项目资金使用管理，加大对贫困群众参加技能培训的投入保障，不仅要免除培训学费，而且要尽可能地解决其交通、生活等费用开支。要因地制宜推广就业扶贫车间、社区工厂、卫星工厂等就业扶贫模式，吸纳更多建档立卡贫困人口就业。要促进创业带动就业，引导农民工、大学生、退伍军人等人员到贫困县、乡、村创业，支持符合条件的企事业单位人员回流贫困村领办创办项目，培育贫困村创业致富带头人，同时对符合条件的就业困难贫困劳动力予以托底安置。要鼓励东西部协作省份加强劳务对接，广泛收集适合贫困劳动力的岗位信息，建立跨区域、常态化的岗位信息共享和发布机制，组织开展形式多样的招聘活动，为贫困劳动力和用人单位搭建对接平台。要组织技工院校开展技能脱贫行动。通过技工院校的就业培训，力争使每个有就读技工院校意

愿的贫困家庭的孩子都能免费接受技工教育，每名有参加职业培训意愿的贫困劳动力每年都能到技工院校接受至少1次免费职业培训，同时积极推荐接受技工教育和职业培训的贫困学生（学员）就业，实现"教育培训一人，就业创业一人，脱贫致富一户"的目标。

（二）开展订单定向技能培训

建立和完善输出地与输入地劳务对接机制，提高培训的针对性和有效性，确保贫困群众通过培训能就业。一要按照技能培训与产业结合、与就业结合的要求，以需定培，大力开展农村产业发展急需的电子商务技术等实用技术培训，大力开展家政服务、手足修复师等定向输出的订单培训，让培训项目精准，培训效果精准。二要注重培训与厂企联合，与就业创业结合，增强培训实效性。坚持"实地、实用、实效"原则，依托工业园区、当地企业、农业专业合作组织等，开展全方位、靶向型、菜单式职业技能培训，使每个有劳动能力的贫困人口至少掌握一门劳动技能，并实现就地培训贫困群众，培训后就近就业。三要利用农委部门农业生产技能和人社部门就业创业技能等培训平台，结合实际需求，灵活设置培训课程，努力将贫困户塑造成有本领、懂技术、肯实干的劳动者。要让贫困群众掌握生态特色养殖技术、种植技术，提高农业生产水平，实现增收致富。四要根据公益性岗位用工需求进行培训。让通过培训不能输出的贫困群众在本地实现就业，靠就业脱贫致富。

（三）加强监管，提升实效

要加强对职业培训机构的资质、能力和承担培训项目组织完成情况的监管，建立有效的培训项目考核评估制度，促使职业培训机构真正在提高自身能力和水平上下功夫，提升培训实效。要加强对教育培训机构的资质管理和审核，通过制定和完善有关政策制度使其健康有序发展。要对教育培训机构教师和工作人员进行系统的专业培训，做好校外培训机构的年度考核和年检工作。要建立科学合理的评价体系，规范管理、正确引导校外教育培训行业有序、健康发展。通过扎实有效的技能培训，使贫困群众掌握一到两门致富技能，切实增强其脱贫本领。

五、强化群众参与，发挥主体作用

贫困群众是脱贫攻坚的主体，充分发挥贫困群众的主体作用，让他们心热起来、手动起来，是脱贫攻坚工作成败的关键。要提升贫困群众自我管理和自我发展能力，减少政府大包大揽。要强化群众的主体地位，发挥好群众的主体能动作用。

（一）贫困群众参与决策

在贫困对象的确认、脱贫项目的选择、脱贫计划的制订和具体搬迁安置点的确定等方面，都要尽可能地让贫困群众最大限度参与，与贫困群众进行充分的沟通协商。在脱贫攻坚具体政策的制定过程中，也要注重多征求和听取贫困群众的意见建议，把群众的意见建议尽可能地吸纳到脱贫工作决策当中，使脱贫攻坚各项工作决策更接地气、更体现民意、更科学。积极探索"大家的事大家说了算，脱贫的事大家帮着干"的村、组民主决策机制，凡是涉及群众切身利益的重大事项、重要工作，都必须在村党组织领导下，村两委充分协商，村务监督委员会全面参与，听取群众"干不干"和"好不好"的意见，确保公开透明、合法合规，切实维护村集体、广大村民特别是贫困村民的利益，极大地调动群众发展产业、建设家园的积极性。

（二）贫困群众参与建设

积极探索建立贫困地区群众对扶贫工作的全程参与机制，在扶贫对象确认、扶贫需求评估、扶贫项目选择、实施和监测等各个环节，全面保障贫困群众的知情权、表达权和监督权。在水、电、路等具体项目建设实施中，要让群众参与占地协调、环境保障、质量监督、验收评估等工作，需要投工投劳的要组织好群众投工投劳。强化群众参与扶贫项目全过程。一是项目准备阶段，由县扶贫办、乡镇直接指导，按照项目操作的基本步骤和程序，现场培训群众学习参与方法，讨论本村存在的贫困问题，提出制约发展的主要问题清单，并采取灵活多样的方式排选形成项目清单，制定村级规划。二是项目实施阶段，由村民自愿选择筹资或投工投劳方式建设项目，并利用公示公告和监督投诉机制对项目进行监督。三是项目竣工验收阶段，由村民先行开展自我验收，制定项目后续管理制度和责任人等。这种方式有利于提高脱贫的精准度，有利于保障项目的质量和效益，有利于增强群众对本村扶贫项目的拥有感，有效避免可能出现的基层矛盾。

（三）贫困群众参与管理

在村务管理和村域治理中，要尽可能地让有一定能力的贫困群众最大限度地参与，注重听取和尊重他们的意见，及时做好村务公开，全面保障贫困群众的知情权、表达权、监督权。通过强化贫困群众的全面参与，使其主体作用得到有效发挥，并在这一过程中使其充分感受到尊重和价值，感到主人翁的地位。通过引导贫困群众克服知识水平、操作技能、经验阅历和视角层次等方面的不足，真正参与实施扶贫项目的整个过程，让他们通过规划、实施、管理自己村的扶贫项目，实现培育和提升贫困群众自我建设、自我管理、自我发展的能力。政府与群众的这种互动，有利于改善和增进干群关系，从而加快贫困群众的脱贫步伐。

第二节　教育脱贫应坚持的基本原则

推进"教育脱贫"必须坚定不移地实施"科教兴国"战略，大力提高全省各族人民的思想道德水平和科学文化素质，提高知识创新和技术创新能力，密切教育与经济、科技的结合，加快实现经济增长方式和经济体制的根本转变，必须全面贯彻党的教育方针，坚持教育为社会主义、为人民服务，坚持教育与社会实践相结合，以提高国民素质为根本宗旨，以培养学生的创新精神和实践能力为重点，努力造就"有理想、有道德、有文化、有纪律"的德育、智育、体育、美育等全面发展的社会主义事业建设者和接班人。

一、坚持教育要为经济建设服务，经济建设要依靠教育的原则

从根本上说，科技的发展，经济的振兴，乃至整个社会的进步，都取决于劳动者素质的提高和大量合格人才的培养，百年大计，教育为本。这表明了教育在我国社会主义建设中的战略地位，要解决贫困问题，也必须坚持这一方针。

教育要坚持为社会主义经济建设服务的方向，首先必须围绕当地经济发展规划，制订教育发展的规划。根据中国的发展实际，一方面，要大力扫除青壮年文盲，加快普及九年义务教育的步伐，同时要加强职业技术教育，围绕当地经济发展规划开展各项技术教育。教育的规模、方向、层次、结构以及培养目标、教育内容和方法，都必须与经济发展相适应，这是保证教育促进经济发展和自身发展的必由之路。另一方面，要贯彻"实际、实用、实效"的原则，为广大群众依靠科学技术脱贫致富服务。教育，特别是职业技术教育，不仅始终为经济发展规划、实现经济大目标服务，而且要贯彻"三实"原则，直接为农民脱贫致富服务。这就要根据实际，确定教育内容，注意能力培养，学用结合，学了会用，用能致富。切实提高贫困地区义务教育水平，同时，有针对性地开展职业技术教育，通过课堂教学、技术咨询服务、现场指导、典型示范等方式，把技术送到每个农户。要开展多种类、多层次的技术培训和专业技术教育，要本着农民需要什么就教什么的原则，开展多种类技术教育，充分满足农民多方面的需要。要善于适应生产结构，劳动力智力结构和技术结构的变化，及时调整农民技术教育结构。在农民技术教育中，要做到教育、生产、科研、技术推广、服务相结合。技术教育是农民依靠科技致富的手段，只有与生产、科研、技术推广、服务相结合的技术教育，才能产生良好的经济效益和社会效益，农民脱贫致富的愿望才能实现。

二、坚持农业、科技、教育统筹的原则

经济、科学技术与教育三者之间是相互依存发展的关系，无论是脱离经济的技术与教育，还是脱离科技、教育的经济，其结果只能是经济、技术、教育的停顿。农科教结合，就是要求农村经济、科技、教育等部门都要以发展农村经济为目标，把教育、科技、经济发展有机结合起来，这是把经济建设工作转移到依靠科技进步和提高劳动者素质的轨道上来，增强农民吸收、运用科学技术的能力，推动经济发展的一项重大决策。具体来说，统筹内容主要包括以下几个方面。

(一) 技术培训项目统筹

农村经济改革的重点内容是调整生产结构，农林牧副渔全面发展，农工商综合经营。根据本地经济发展规划，资源优势，选择实用性强、投入少、推广易、见效快、收益大的技术项目，对农民开展培训。旨在加快技术推广夺取丰收的"丰收计划"，旨在发展农村经济的"星火计划"中的若干项目都可作为培训的内容。

(二) 人、财、物统筹

1. 人力统筹

农科教结合，需要一批既懂农村经济，又懂科学技术、教育行政管理的干部和一批既能从事技术理论教学，又能进行实际操作的专、兼职教师。这就需要由农科教等部门本着各尽所能，互通有无的原则，统一协调安排，合理使用。

2. 经费统筹

农科教各部门都有一定的经费投入，这些经费怎样合理安排，形成合力，发挥效益，也需要协调统筹。

3. 物力统筹

包括校舍、场、厂、实习基地等，应由政府出面，建立农科教培训中心，这可在农村文化技术学校的基础上或现有的培训基地上建立。

（三）政策统筹

为了保证农科教有效结合，调动各方面的积极性，应从农村经济、科技、教育政策和发展的总目标出发，制定一些相关政策，诸如鼓励干部、专业人员从事农民技术教育的政策，评定农民技术职称的政策，对参加培训教育的农民在生产资料供应、项目技术承包等方面的优惠政策等。农科教统筹是农村经济、科技、教育的一项综合性改革，涉及很多部门，从中央到地方各级政府都应有统筹机构，并且明确以县政府统筹为主体，以乡镇政府为基础落实下来。

三、坚持基础教育、职业教育、成人教育协调发展的原则

农村中小学基础教育是对农村青少年进行的基础文化、科学和道德素质教育，是整个农村教育的根本。农村职业教育主要任务是培养农村实用型的初、中级专门人才和各行业所需的技术、管理、生产人员，它是普通教育为当地经济建设服务的突破口。农民技术教育是农民教育的主要组成部分，它通过多种形式对农民进行多种类、多规格的实用的生产、经营管理技术教育，它是农村教育为农村经济建设服务，把农村劳动力资源转化为智力优势，把智力优势转化为生产力，推动农村经济发展的重要桥梁。

农民技术教育、职业教育、基础教育对象不相同，任务各有侧重，在办学形式、方法、内容等方面既有共性，也有个性，但不能相互取代，不能相互削弱，三者之间应相互衔接，相互依存，相互沟通。

四、坚持因地制宜、按需施教、分类要求、分类指导的原则

我国地域辽阔，各地自然条件、资源优势不同，决定了产业结构、劳动部门结构的不一致性和生产水平的差异性以及农民对技术要求种类、层次、比例结构的特殊性。因此，要根据不同经济区域的经济结

构、劳动力结构、经济发展的需要来实施各种教育。在经济落后的贫困地区，在当前和以后相当一段时期，要把扫除青壮年文盲，普及初等教育作为教育事业的重中之重，在技术教育方面，主要是种植业、养殖业的技术和传统手工技术教育，大量需要的是普及性的生产技能技术和初级层次的技术人才。

五、坚持面向农民、面向农村、面向农业的原则

面向农民、面向农村的最终目的就是要面向农业，面向现代化，而且要面向未来，超前服务。

面向农民。农村教育就是要造就一代有理想、有道德、有文化、有纪律的新型劳动者，促进经济和社会的全面高速发展；所谓"科教兴农"，就是要用科学武装广大农民，提高广大农村人口的素质和科学技术水平。

面向农村和农业。就是要根据农村的需要安排教育内容。要注意抓好农村产业的生产技术教育，要抓好乡镇企业生产、管理技术的教育，要抓好机械化技术的教育。同时，农村教育不能局限于当前农村的发展变化，而是要从当前需要出发，预见未来农村的变革对科学技术和人才的需求，走一步，看两步，看三步，以超前服务的姿态，迎接农村未来的变化。

六、坚持同时培养劳动者、科技人员和管理人员三支队伍的原则

农村小农经济将逐渐解体，走向商品化、专业化、社会化和现代化，这需要具有现代科学技术、懂经营管理、有开拓能力的各级各类技术人才和管理人才，需要在农村各行业中服务的有文化、有技术的劳动大军。

培养高素质的劳动者。农村劳动者是农村各行各业生产的实际操作者，是生产的主力军，提高他们的技术水平，拓宽知识领域，有利于把

先进的科学技术成果转化为生产力，提高劳动效率。与此同时，随着农村商品生产的发展，不仅要在数量上满足市场需要，更重要的是在产品质量上要有竞争能力，而且，还将有大批劳动大军转移到第二、第三产业，这些都要求劳动者要有现代生产技术，要有整体素质的全面提高。

　　培养科技队伍。农村技术人才是根据当地经济发展的需要，引进、吸收、运用、传播先进科技的"火种"，是技术定向、产品更新换代的研究者和设计者，是生产、销售、运输、包装、储存等现场技术的指导者和改革者，是发展经济，脱贫致富的支柱力量。因此，着眼于培养一批农村科技队伍，无疑是农村教育的重要任务。

　　培养管理队伍。农村经济正在由以种植业为主的小农经济转向农、林、牧、副、渔、工、商、建、运、服务业等全面发展的农工商综合经营。这就需要培养一批精通农村经济政策，具有商品观念，懂得商品生产规律、经营管理技术和知识，并能用以制定乡村经济发展规划，开辟生产门路，合理调整产业结构，优化劳动力结构，引入生产竞争机制的管理干部。"三分技术，七分管理"，这说明管理在经济发展中的重要作用。

　　着力培养以上三支队伍，并使其结构合理、优化组合，农村资源和地理优势才能充分发挥。

第三章　教育脱贫对策研究

第一节　教育资源与结构的优化

一、优化教育资源的配置

教育经济效益的高低与教育资源使用效益的高低有着密切的联系。在同一条件下，教育资源使用效率越高，即以同样的投入，培养的人才数量多质量高，那么教育的经济效益才会越高。教育经济效益是教育所产生的净收益与其所花费的成本的比较。提高教育资源使用效益，也就是降低培养人才的成本，因而也就意味着增加教育的收益。所以，任何降低教育成本的措施与任何增加教育收益的措施一样，都会相对地提高教育的经济效益。

要提高教育资源的使用效益，首要的是优化教育资源配置。优化教育资源配置包括两层含义：一是教育资源——财力、物力和人力的构成应有一个合理的比例关系；二是各种资源的使用效率应有一个具体的、科学的指标。

（一）调整教育经费的投资重点

根据我国实际，教育经费的分配重点应该是基础教育。就教育投资而言，必须按照教育结构的要求，合理分配经费和调整投资的重点。首先，要大幅度提高基础教育投资的比重。小学和初中教育属于义务教育，是当前教育投资的重点。其次，要努力增加中等职业技术教育的投资，保证中等教育结构的调整得以顺利进行。过去，在中等教育投资方面，我们是重普通教育，轻职业技术教育。今后，随着中等教育结构的进一步调整以及社会主义市场经济体制的建立，职业技术教育必将有较快的发展，因而对这类教育的投资也应有较多增加。教育实践表明，教育投资一旦向低重心转移，即把投资重点放在培养初、中级人才和提高劳动者素质上来，它对提高教育的普及程度和内部效率都将起到推动作用。

（二）优化教育经费的使用结构

教育经费就其用途构成而言，可分为教育事业费和教育基建费两大部分。教育事业费是教育投资的主要部分，主要包括人员经费和公用经费。教育经费的使用结构（各单项经费在总经费支出中所占的比重）是否合理，将直接关系到教育财力资源的使用效率。假定在经费支出结构中，人员经费所占的比重低于公用经费的比重，则表明经费投入的方向正确，经费的使用有利于改善办学条件，有利于提高教育质量，其使用效益就高；反之，则使用效益就低。为此，应根据自身的实际情况，对教育经费的使用结构进行优化调整。办学规模的大小是制约教育资源使用效率的重要因素；人员经费与公用经费在总经费支出中各自应占多大的比例才算合理，这有待在实践中进一步探讨。但有一点必须肯定，即公用经费的比重应高于个人经费的比重，否则，办学条件的改善，教育质量的提高都难以实现。

（三）合理利用有限的人力、财力、物力，使其发挥较大的效益

（1）合理调整学校布局，尽量提高规模效益，学校布局规模要合理。学校建设应规范化、标准化，不求高档，只求实用，并且严格保证学校建设的工程质量，从设计施工、购进原材料到工程验收，每个环节都要严加监管，避免出现漏洞和浪费。为此，要建立健全管理制度，培训管理人员。

（2）健全财务制度和审计制度，保证教育经费专款专用和合理使用。

（3）贫困地区小学自然实验室和初中理、化、生实验室设备目前主

要应按国家规定的二、三类标准配备，待财力允许之后，再向一类过渡。为了保证资金有效利用和设备的质量，建议以县为单位，统一计划，统一购置，统一安装和调试，并且要培训设备管理和维修人员。

（4）提高人力资源的利用率，做到人员结构合理化，在保证师资数足够质量合格的前提下，要严格控制生师比，提高人员效益。原则上按原国家教委规定的标准（小学 23.5∶1，初中 17.5∶1）配备，但考虑到贫困地区小学比较分散、规模较小的实际，小学生师比可以略低于国家标准。针对一些地区学校非教学人员比例过高的情况，应大力削减非教学人员，有资历、有能力教书的，可充实教师队伍。

（四）健全物力资源的配套设置，提高物力资源的利用率

教育的物力资源，狭义地说，是指输入于教育过程中的物质资料方面的直接实物条件，这种物质条件是办好教育的基础。从教育物质技术基础来看，目前，我国中小学教育必需的实验仪器、文体器材、图书资料仍相当匮乏，至于要建造标准化、规范化的学校，差距就更大了。因此，进一步改善办学条件，健全物力资源的配套设置，是我国中小学目前迫切需要解决的重要问题。

从我国国情出发，要想全部改善中小学基础教育的办学条件，这是不现实的，也是十分困难的。因此，研究如何提高学校现有物力资源的利用率，这是节约劳动，减少消耗的重要一环。

（1）要加强物质资源的管理，做到物尽其用。学校的校舍、教学设备等物质资源，是办学的物质基础，也是教育经费的物化形态，学校物质资源的合理配置、科学管理和正确使用，是影响教育资源内部效率的一个重要方面。因此，学校要提高教室、实验室的利用率，图书周转率，教学仪器设备的使用率，以充分发挥其效用。

（2）在以不降低教学质量为原则的前提下，要减少教学中一次性物质消耗和补偿性消耗，把消耗的定额限制在必要的范围内。为此，学校对物力资源的管理和使用应建立起各种规章制度，以保证使用效率的提高。

（3）积极办好中心小学。鉴于我国贫困地区农村中小学教育物质技术基础目前存在着许多困难，而这些困难短时期内又难以得到解决，因而建议教育行政部门要重点办好中心小学，把中心小学办成设备比较齐全，条件相当完备，并能提供其他小学使用的实验和实习基地。这种以中心小学带动一般小学的办法，可使农村小学教育的物质技术基础的建立更为集中，效益发挥更大，达到物尽其用，财尽其效的目的。

（五）减少留级生和辍学生

从提高质量方面提高效率。教育资源的使用效率如何，最根本的要落实到学校教育培养人才的数量和质量上。因此，提高合格工作量，减少辍学、留级比率，提高毕业率、优秀率，这是对教育资源的最大节约。

要提高教育资源的使用效率，就必须增加按合格成果计算的工作量在总工作量的比重，或减少流失生和留级生，这是提高教育成果质量，降低资源消耗的主要方式。

二、科学规划合理布局

（一）提高对教育资源的管理水平

要加强政府对教育资源的调控能力，理顺省、地县政府和学校三者的关系。

（1）政府要加强对教育资源各项内容的宏观战略研究，如教育发展近期目标、学校布局、师资培训、教育经费增长、办学条件改善等，可由政府统筹规划和宏观管理。

（2）政府应制定合理有效的教育政策法规。如学校人员编制标准，教职工基本工资标准，教育费附加征收比例等，可由政府统筹规则和宏观管理。

（3）加强对教育资源使用效率的评估与督导工作。教育评估与督导是政府和教育行政部门管理教育工作的重要手段，也是实行教育科学管理的重要内容。当前，我国贫困地区教育资源在使用和管理上还存在诸多问题，因此，建立和完善教育评估与督导制度，充分发挥其职能作用，是加强宏观管理，依法治校，推动学校提高教育资源使用效率的重要措施。

（4）加强信息宣传服务。随着改革开放的进一步深入和市场经济体制的逐步建立，不少学校在提高办学效益上积累了许多新经验，但在新形势下，也出现了不少新情况、新问题。为此，教育行政部门应认真进行调查、分析、研究和实验，对行之有效的经验要加以宣传、推广，对工作中出现的新问题，要及时提出建议和对策，以使更多的学校提高办学效益，减少盲目性，提高自觉性。

（5）协调省直和地方政府各有关部门的关系，充分调动各方面办学的积极性。

（二）提高办学规模和结构效益

学校规模、班级规模的大小，对教育资源使用效率有直接影响。学校布局和规模是否合理，关系到校舍建设，教学设备配置，师资力量分配，以及经费使用等问题。学校规模过小，班额不足，势必造成重复投资，导致教育支出效益不高。第一，投入大，产出低，规模效益低；第二，办学力量分散，国家不能集中有限的资金解决急需的问题；第三，师资、设备条件不能充分发挥作用，增加了生均教育成本。

提高办学的规模和结构效益，实际上是一个教育结构学的问题。教育的分布结构（布局结构）是一个与社会经济和人口密切相关，又与学校规模相互影响，并涉及诸多因素的地理分布结构问题。学校布局如何才算合理，衡量的指标有四个：一是学校服务人口数；二是学校服务半径；三是学校的校点分布；四是质量保障。

根据"生产要素合理配置"的思想，结合教育结构学的有关原理，按照区域经济学的区域决策理论，以及运筹学中的运输问题，提出我国贫困地区欠发达地区初等教育的学校布点决策的方法。

（1）"重心法"。运筹学中的"重心法"是把运输因素作为依据，利用"求重心"的原理，选择其中运输量最小、费用最低的方案的一种方法。这种方法的特点是把生产运输因素作为厂址选择的重要因素来考虑。当投资项目厂址的其他因素基本相同，运输费用的高低决定项目效益的好坏时，可采用这种方法来选择厂址。

（2）方案比较法。这是在已经确定的建校地区内对不同校址方案投资费用和办学费用进行比较，从而确定最佳校址。

首先，在所有的校址方案中，选择两三个比较合适的方案，作为分析、比较的对象。

其次，计算每一种方案的投资费用和办学费用。一般情况下，应选择基本的投资、办学费用并列表比较。

最后，利用计算的数字，分析和确定最优校址方案。一个校址技术条件好，而建设费用、办学费用都比较小，且投资效益较高，即为最佳方案。

（3）分级评分法。列出影响建校的各种因素，根据具体情况给每种因素赋予权数，将各种因素对各校址的影响程度分为最好、较好、一般、最差四个等级，等级系数为4、3、2、1。将权数乘以等级系数得到各影响因素的因素分，将各校所得的因素分求和后进行比较，因素分最高者为最优。

以上只是选择校点的一些粗略的方法，影响科学规划合理布局的因素很多，因具体情况具体分析。总之应遵循以下原则。

第一，讲求教育投资使用效率的原则。教育投资使用效率是以单位教育投资所培养的合格毕业生数衡量的比较指标。一个有600～700人的自然村单独设置一所小学，学龄儿童约90～105人，若与邻近的另一同规模的自然村联办小学，所用的教师和校舍、设备与一所小学大致一样的话，总的教育投资使用效率约可提高60%～80%。学校的分布合理与否，应该用教育投资的使用效率高低作为重要的参考指标。

第二，有利于提高教育质量的原则。对于班级授课制来说，班额的大小对教学效果有很大影响。我国贫困地区有的多级复式教学班也只有几个学生。配备一名教师包班，很难保证教学质量。山区村民居住分散、规模过小的自然村，如能通过联村办校，即使达不到理想的规模，若能减少复式层次，也有利于提高教育质量。

第三，适应地域经济发展和人口发展趋势的原则。在小学教育基本普及的条件下，学龄儿童人口数量是设置小学的基本依据。按理想的设计，在经济文化发达地区的城镇小学，以每个年级70名适龄学生，5年制学校350名学生，6年制学校420名学生较为适宜，这样，若按7～12岁的小学学龄儿童人口占15%计算，约2 500个居民，则应设置一所小学。农村许多小学是年级单班制，因此以1 200～2 500个村民（即5年制学校180名以上学龄儿童）设置一所小学为适宜。但在经济欠发达地区，学生班容量尚可扩大10%～30%，因此，适宜设置一所小学的居民或村民人口，也可放宽10%～30%。

然而，由于农村人口分布很不平衡，在那些人口密度较大的乡村，才较适于按理想的学校规模和村民数量设置小学，而多数自然村人口不足1 200人，有的山区自然村仅有几十口人，就需要因地制宜，在人口之外考虑多种因素进行小学（校点）的布局了。

第四，突出重点的原则。绝对的教育公平是没有的。适应群众需要，便于就近入学，这无疑是对的。中国特色社会主义理论是我们一切行动的指南，按照"先让一部分人富起来"的思想，抓重点抓关键，在经济欠发达地区集中有限的资金和财力，办好既有一定规模又有质量的中心小学、寄宿制或半寄宿制小学，对于当地的教育事业的发展必将有积极的作用。

综上所述，为了提高办学的规模和结构效益，应对欠发达地区的校点进行调整：

在人口普查和出生率预测的基础上，搞好小学合理布局规划。

做好干部和群众的工作，实施布局调整。有了"合理布局"的方案，对校点的"建、并、改、留"虽有了科学的依据，但还得争取广大干部、群众的支持，群众不理解，对收缩校点将会带来很大阻力。

（三）构建稳定而又有较强适应能力的教育结构

增强教育结构对经济发展的适应程度。教育结构及其变化只有适应经济的需要，即教育部门培养出来的各种不同数量和规格的劳动者和专门人才，在结构上符合经济部门的要求，才能最有效地促进经济的增长，才能取得教育的最大经济效益。因此，增强教育结构对经济的适应程度，对提高教育的经济效益至关重要。要使教育结构适应经济发展，最根本的就是要根据经济发展的要求，调整优化教育结构，特别是在市场经济条件下，要借助市场机制的信息反馈，科学地确定教育结构，正确处理教育结构与经济结构的关系，按教育经济规律办教育。

（四）实行人才培养的成本核算

人才成本又可称之为教育成本，它是指培养一个毕业生所需的全部费用。是教育费用与机会成本之和。它的构成包括以下四个方面。

（1）教育的社会直接成本，即国家或社会直接承担的教育费用；

（2）教育的个人直接成本，即学生或家庭负担的教育费用；

（3）教育的社会间接成本，即教育占用的劳动力给生产带来的损失；

（4）教育的个人间接成本，即学生因在校学习而放弃的就业收入。

进行人才培养的成本核算，降低培养人才的费用，这是节约劳动，减少消耗，提高教育资源使用效率的有效途径。进行人才成本核算，是价值规律所规定的。教育是劳动力再生产的重要手段，它必须占用和消耗一定的教育资源，而任何资源的占用和消耗，都需要研究投入与产出、费用与效用的关系问题，它客观上要求提高效率和注意节约，要求在培养人才的过程中，尽可能降低活劳动消耗和物化劳动消耗。正如恩格斯所指出的："价值是生产费用对效用的关系。价值首先用来解决某种物品是否应该生产的问题，即这种物品的效用是否能抵偿生产费用的问题。"因此，学校应进行成本的核算，唯有如此，才能提高教育资源的使用效益，才能对办学的经济效益进行科学的考核，使有限的教育资源发挥最佳的效能。

（五）加强教育经费的管理

教育经费管理是整个学校管理行为中的一部分，经费管理水平的高低，将决定学校教育资源使用效率的高低，从而极大地影响学校办学的经费效益。为此，学校应科学地管理好财务，把有限的教育资金切实用好。

（1）在经费的管理和使用上，应充分体现为教育、科研服务的思想。如教学评估中的优秀者能得到经费上的奖励；在科研方面有突出贡献的教师，能得到经费上的资助或重奖等。

（2）学校应根据国家制定的财经政策、法令，建立和健全财务管理机构和规章制度，这是学校财务管理的重要内容之一。

（3）按照社会化的要求改革后勤服务。目前，就高校和中小学而言，一方面有不少大学已构成一个半封闭的小社会，从幼儿园、小学、中学到食堂、医院、商店等，无所不有，这就迫使学校领导要用相当的精力来研究后勤问题；另一方面，中小学由于经费紧缺，加之社会向学校的摊派严重，也使得领导要投入很大的精力，抓学校的创收。因此，高校和中小学后勤改革的方向是逐步实行社会化，学校"要按照社会上办第三产业的政策和经营管理办法来管理后勤部门，建立由学校实施宏观调控，后勤部门自主经营，独立核算，免交税收，微利服务的后勤服务系统。"学校应积极创造条件，为实现学校后勤社会化提供一个良好的环境。

提高管理人员的素质，学校的教育资源能不能最大限度地得到有效的使用，使各种教育资源发挥最佳效能，这在很大程度上取决于各种管理人员的素质和水平。因此，学校中各方面的管理人员都应不断提高自己的政治素质、业务素质和道德素质。与此同时，学校或主管业务部门也要对管理人员加强系统的专业培训和锻炼，使他们能在科学技术飞速发展的今天，更好地适应新的工作需要。

三、强化教育教学管理

强化教育教学管理的关键是教育教学质量的管理和教育教学资源的管理。

（一）教育教学质量的管理

1. 目标管理

对于我国经济欠发达地区，我们不能只是笼统地、抽象地强调基础教育质量的提高，而是要推进教育为农业和农村工作服务的具体目标，把制定这些地区义务教育阶段符合实际的教育教学质量标准作为教育改革的核心工程，从而实现目标管理。

2. 标准管理

在实施目标管理的基础上，各地要强调标准管理，通过标准管理使质量管理科学化，并使质量有科学的评估标准。这种标准管理主要是通过课程的标准来实现的。不考虑大城市与贫困、民族、边疆地区社会发展的不平衡性和巨大的差异性，全省统一一个课程标准显然是不科学的。要允许各地州根据当地实际，制订若干门核心课程的统一标准，用以规范各学校的教学管理。省教委应加强研究教育教学质量监控体系的建立，加大宏观管理的力度。学校通过课程标准规范所有教师的教学质量，教师依据课程标准确保教学质量。通过标准管理，在一定程度上有效地弥补质量失控的缺陷。

3. 课程管理

课程管理是提高基础教育质量的重要措施之一。

（1）进行课程分类，确立若干门课程为核心课程，统一标准，由各地州（市）统一考试。

（2）课程综合化，强调课程间互相渗透，将各门课程的知识综合运用。有些课程由几个教师共同合作完成。

（3）面向当地社区经济社会发展的需要开设新的课程，使学生了解社区经济社会发展的特点，为今后服务于社区奠定基础。

（4）调整普通中学教育与职业教育的课程，在普通中学中普遍开设职业教育的课程，而不是过分强调普教与职教的分流。

（5）各学校可以根据自身的条件及优势开设特色课程。

（6）学生可以在统一的必修课程之外，根据自己的兴趣和今后的就业志向选修某一方面的课程。

4．教学过程的管理

教学过程的管理是课程管理的深化和具体化。

（1）倡导平等式的教学。强调教师与学生在人格上的平等，强调在同一教学过程中教与学双方的平等。

（2）倡导互动式教学。强调教与学双方互相合作，互相配合。农村许多课程（如职业教育课）的教学方法和授课形式可以是互相商量的结果。

（3）教育教学活动以学生为本，强调学生的参与。

（4）推行课题式的学习与作业。教师授课不是机械地逐字逐句讲解，而是从问题开始，运用新的知识去研究、解答。在教师的指导下，学生按课题分组，分工协作，大胆设计。如在物理课中学习"力"的概念时，教师可让每个学生通过桥梁的设计来理解力的概念，然后探讨什么结构最符合力的原理，最后写出运用力学原理的课题报告。这样可以有效地培养学生的学习兴趣，训练学生创造性的思维，能培养学生的合作意识和能力。

此外，必须加强教学过程的常规管理，使教学的全过程不失去控制，以保证各学科及各位教师的教学都能不低于一定的标准。

5．学生管理

（1）德育工作落在实处，弘扬中华传统文化。在经济欠发达地区尤其应该强调将中华民族的传统文化的精华同现代文明行为的结合。传统文化在人生价值上，追求立德、立功、立言"三不朽"事业；在道德价值观上，提倡仁与礼的统一，重视人格的培养和精神境界的提升；在政治上提倡爱国主义；等等。这些无疑有利于培养人的高尚情操和完美人格，提高全社会的道德水准，保证社会稳定有序。脱贫致富需要有勤奋进取的精神和坚韧不拔的毅力。而传统文化中的刚毅有为、自强不息的精神，对于培养从事脱贫奔小康的劳动者勤奋坚韧精神无疑有着重要意义。

（2）增加科普知识教育，培养学生的广泛兴趣，强调实用技术、生活技能教育。

（3）加强落实《中小学生行为规范》的研究，对影响极坏的恶习进行严惩。

6．教师管理

教育管理中应该进行全面质量管理。义务教育的高质量关键在教师，所以教师的管理是关键。

（1）强调教师的责任感，激励教师努力工作。用人之长，容人之短，给教师创造事业成功的机会，充分调动教师积极性。

（2）引进激励竞争机制。学校与教师签订合同，以合同的形式规定双方的权利和义务。严格执行聘任制，对不能正常履行职责的教师提出警告，在警告期内给予帮助，若仍不能胜任就让其下岗。对教师（包括下岗教师）提出进修要求。教师进修的形式和内容主要是教学基本功训练和课题研究以及新的教学方法、手段的运用。培训校长，主要是适应岗位要求的基本能力的培训。

7．分级管理

明确各级教育行政部门的管理职责。确立宏观的战略及目标，提出改革的思路及方案，提出质量及标准，指导教育教学研究。政府有关部门通过项目管理的形式引导各地州（市）、各学校积极执行这些方案，并给予相应的经费支持，由此把地方的灵活性与整体的统一目标有机结合起来。

（二）教育教学资源的管理

教育教学资源开发水平的提高、配置方式的优化，对教育教学质量的提高具有十分重要的意义。因此，在强化教育教学质量管理的同时，也应该十分重视教育教学资源的管理。

1. 内部资源的管理

就内部资源的管理来说，基本前提是充分调动教师的积极性，最大限度地提高每一天时间的有效利用程度；充分调动学生的主动性，最大限度地提高有限时间的学习质量。

（1）充分利用报刊书籍资源。各种报纸也是很好的资料，学校可将办公室每一年的报纸收集起来装订成册，作为阅览室的学生读物。应根据不同年级学生阅读能力标准要求，把与阅读能力相应的图书资料进行水平分类，并提出指导性意见，使学生的课外阅读能根据能力标准循序渐进，以帮助广大学生科学地阅读并提高阅读能力。

（2）教材的重复使用。建议贫困地区中小学的教材免费使用，学生对任何教材只有使用权，没有所有权，且使用完毕都必须留给下一年级的学生使用，若有损坏或丢失一律赔偿。这同时也是对学生进行爱护公物的教育。

（3）创设文化氛围。充分挖掘校内环境设施的教育作用。在建筑物的墙面上装饰赋有教育意义的壁画和文字材料，在花草树木上挂上植物的中英文标牌等都可以营造教育氛围。

2. 外部资源的开发

除内部资源的充分利用外，应注意利用社会资源为教育教学服务。

（1）在课程设置方面，积极与社区合作，让企业、工商等经济部门参与课程的开发、论证。在此基础上，争取经济部门提供专业技术人员（农业技术人员）作为兼职教师，开设实用技术课，或进行科普教育，提供实习基地和现场指导，提供致富信息、就业信息和选择指导。

（2）动员和积极利用社区志愿者、机关干部以及有一定文化的人士，帮助教师批改作业、做后进生的转化工作，帮助教师对学生进行兴趣活动的指导，帮助学校组织学生活动（如体育比赛、艺术表演）等。这样有利于密切与社区的关系，扩大教育资源的利用范围，赢得社会对学校教育工作的了解、理解和支持。

（3）资源共享。妥善安排、精心管理，使各级各类学校有限的教育资源（设备、教师等）得以共享，避免重复建设和浪费。

（4）充分利用大自然。大自然是最好的"教科书"。农村孩子的优越之处就是比城市孩子有更多接触大自然的机会。大自然融动物、植物、地理、历史、科学、技术、人文景观等知识于一体。通过挖掘大自然中的教育素材，不但可以使学生学到知识，而且能陶冶情操，培养其爱家乡的情怀。

第二节　完善经济政策，切实增加教育投入

一、完善教育经济政策

（一）改革教育财政预算编制形式

教育财政预算在各级财政预算报告中单列，实行项目管理，逐项开列具体的经费使用计划。年初，人大通过预算，年终，接受人大审议，以确保教育财政投资到位。财政教育经费预算至少应该以县级为主，加强地（市）的财政统筹能力，辅之以省地（市）的平衡。

（二）建立适应市场经济体制的教育投资新体制

要使"科教兴国"的战略思想贯彻到经济建设中去，应该树立"人力资本投资是我国贫困地区社会经济发展的决定性因素"的投资观念。政府应要求社会各个投资主体必须保证物质资本、人力资本同步投资，应规定凡是在我国境内的每个经济建设项目，无论谁投资，都应该开列相应的人力资本投资计划，并接受银行、审计部门的监督，以确保教育投资计划的执行。

有些经济建设项目的投资，从计划到执行过程中，往往出现变化，绝大多数情况下是投资总额的大幅度增加，例如公路、机场、电站等一批重大基础设施和一些社会公益项目的建设。所以，其中的人力资本投

资也应该按比例追加。其追加的额度不符合规定的，整个追加投资计划不予批准，银行不予贷款。

通过经济建设项目计划，促进或带动相关教育的发展，使教育与经济建设更加紧密地结合。经济建设项目中人力资本投资的收缴可以委托银行办理，专门用于教育。

（三）制定能够全面支持教育发展的税收政策

税收政策应该鼓励所有纳税人主动投资于教育。有必要把教育费附加改为教育税，合理地划分各级政府之间使用教育税的权限，以使教育税发挥应有的宏观调控功能，促进我国贫困地区之间的教育发展平衡。

（四）制定面向股票市场的教育证券政策

为了振兴教育，我们除了不断呼吁政府追加投资外，更应该谋求政府拓宽投资教育的社会渠道，使教育有一个相当宽松的筹集发展资金的政策环境，即政府鼓励、支持、调动教育机构，通过一切融资渠道，开发一切资金形式，诸如彩票、债券、股票等有价证券，充分发挥有价证券市场的作用，吸引社会资金向教育领域优化配置。国家发行的教育债券，既是国家筹集教育经费的重要渠道，也是购买者对未来教育投资的储备。

二、建立健全教育多元化共同投资体制

教育脱贫战略的突破口也就是教育改革和发展的突破口、切入口。选择教育多元化共同投资体制的建立作为教育发展进入良性循环轨道的战略突破口。这是因为它是现实教育发展中的最突出矛盾；是在教育发展中起到中心作用的领域；是可能阻滞教育整体水平提高的关节点；又是由于改革推进中的经验和力量的积累，处于较易突破的环节。

作为教育多元化共同投入体制的内部机制的最本质内容，应该包含个人、家庭、企业单位、政府国家在内的全社会，对教育都具有共有同享责任义务相一致的利益，即谁也不能置之度外。这一体制的本质特征

必须体现国有性、多元性、全民性、共享性、超前性、公平性、再生性。即政府是教育经费投入的主要承担者。教育经费来源是多渠道的，教育投资主体是多方面的，举办教育的主体或要素组合可以是多种多样的，而教育利益报偿在确保国家利益后又可以是多形式、多层面、多种分配格局的。即置于全社会的利益基础上办教育，要对国家、政府、企业单位、家庭、个人，对教育自身的发展及每所学校、每个学生都是有利的；而且，以此为前提，要形成全民主动参与、全社会关注监督教育的态势。既要保障贫困生不因贫困而被剥夺受教育的基本权利，又要保证精英人才不因教育消费能力问题受压抑或被埋没。

（一）要依法保证教育投入

要进一步完善教育经费拨款办法，充分发挥教育拨款在宏观调控中的作用，不断提高教育经费的使用效益。政府的教育拨款主要用于保证普及义务教育和承担普通高等教育的大部分经费。地州、市、县各级人民政府要确保义务教育的资金投入并做到专款专用。

（二）充分发挥地方立法权限，多渠道筹措教育经费

在非义务教育阶段，要适当增加学费在培养成本中的比例，逐步建立符合社会主义市场经济体制以及政府公共财政体制的财政教育拨款政策和成本分担机制。认真组织实施教育储蓄、教育保险和助学贷款制度，完善奖学金制度。要积极支持勤工俭学、校办产业的发展，并对其继续实行税收优惠政策。

第三节　深化教育改革

我国贫困地区要摆脱贫困，教育就必须有一个较大的发展。通过深化教育改革，促进农村的教育发展，从而改变农村面貌。

加快教育发展主要靠改革，关键是要进一步解放思想，提高认识，切实把农村教育综合改革摆在重要战略位置。

一、深化农村教育综合改革

我国农村人口众多，农村在校学生数量也比较多，这一基本国情决定了农村教育在整个农业现代化建设中的重要地位。农村教育能否适应农业和农村经济发展的需要，直接关系到全国农村现代化建设的进程。

建立社会主义市场经济，使农村教育的社会环境发生了变化。同时，农村生产方式的变革，农业产业化的兴起，都对农村教育的质量提出了更高的要求，集中反映在对提高劳动者素质的要求上。而且，作为农民自身来讲，家庭对孩子受教育的投入成本的考虑比以往更多，这就对农村教育办学方向有了更明确、更具体的要求。这对农村教育改革本身就是更加严峻的挑战。此外，农村教育经费不足，城乡教育差距拉大，农村教育面临的长期困难，都必须给予充分重视。

教育脱贫，一个很重要的措施是进一步推进农科教结合，全面推进农村经验综合改革，促进普通教育、成人教育和职业教育的统筹协调发展，使农村教育切实转变到为农村经济和社会发展服务上来。要把文化知识教育和扫除青壮年文盲与实用生产技术培训结合起来，与农民脱贫致富结合起来。要采取灵活多样的教育培训形式，抓紧培养一大批农村急需的实用技术推广人才、乡镇企业管理人才。

（一）深化农村教育改革的思考

发展农村教育事业是落实科教兴农方针、提高农村人口素质的关键。深入推进我国贫困地区农村教育改革的基本思路可分为以下几个方面。

1. 进一步提高认识，不断深化农村教育改革

进一步解放思想，遵循"科教兴国"的战略要求，坚持从实际出发，因地制宜，创造性地制定深化农村教育改革的新举措，把社会主义条件下农村教育的育人功能、促进经济发展和推动社会全面进步的功能充分发挥出来。牢固树立服务于经济建设这个中心，采取行之有效的措施，在"综合"和"实验"上下功夫，不断把农村教育改革推上新台阶。

2. 要抓紧干部的再培训工作，不断提高改革实验的自觉性

要深化农村教育改革，首先要了解它的指导思想、主要任务、目标和重要意义，以及取得的基本经验和形成的思路等。只有思想上认识清楚了，才能自觉面对困难，开拓进取，百折不挠地把农村教育这项宏伟社会工程开展起来，坚持下去。为此，各级教育行政部门的管理干部、校长和教师，各级党政部门负责教育工作的领导都要接受再培训，"学习新知识，研究新情况，解决新问题"。

3. 要适时提出新任务、新目标，不断探索改革实验县的新路子

农村教育综合改革实验县是农村教育改革的示范窗口，各地都要从实际出发，因地制宜，经常关注当地经济、社会发展的变化和需求，确定自己的工作思路和目标，力争形成自己的特点和模式，不断提高改革实验的水平，然后不失时机地推广扩大，真正发挥实验县的示范作用。

4. 要加强研究，不断提高教育科学理论水平，以科学的态度、科学的方法推进农村教育

农村教育改革是一项全新的科学实验，需要有科学的理论加以指导，防止就事论事，提倡就事论理。尤其是我国的农村，地域广阔，发展很不平衡，面对农村教育改革这项宏大的社会工程，急需加强理论研究和指导，才能把这项伟大的改革事业不断推向前进。

5. 要进一步加大各级政府一把手统筹的力度，不断提高农村教育改革实验的水平

改革历程证明，只有各级党委、政府和教育主管部门的一把手亲自抓，才能协调得了、统筹得动，综合得到位。要广泛动员全社会关心贫困地区的教育事业。

（二）推进农村教育综合改革的政策建议

20 世纪 80 年代以来，我国政治、经济、科技、文化、教育等各个领域都发生了深刻的变革。农村教育综合改革，这项由千百万广大教育工作者、亿万农村工作者广泛参与，并且凝聚了大量心血的改革，是建设中国特色社会主义教育体系的积极探索，是实施科教兴国（农）战略

的重要实践，是对几千年中国旧教育思想的深刻挑战。从某种意义上说，农村教育综合改革是我国教育史上一次深刻的教育变革。面对新形势，农村教育综合改革需要有大的发展。

1. 加强农科教结合，提高农村工作的整体效益

农科教结合，政府统筹是关键，必须强化政府行为。各级政府应树立总揽全局的思想，加强了对农业、农村经济与科技、教育事业发展的统筹规划，合理利用农村现有的各方面的资金和技术力量，提高农村发展的整体效益。教育部门应在农科教结合中发挥积极作用，主动了解和掌握当地农业、科技的发展和对各类人才的需求，做好培养和培训工作。高等院校、职业学校和成人学校，都要利用自身人才和技术的相对优势，为农村经济与科技的发展服务。

2. 加大力度，进一步实施好燎原计划和燎原计划百千万工程

燎原计划作为推动农村教育综合改革的重要措施，自实施以来，效果显著，各地应加强燎原计划工作的实施力度。要进一步扩大燎原计划百千万工程的组织实施工作，加快农村科学技术推广的步伐；继续争取燎原计划专项贷款对农村教育改革工作支持的力度。

3. 广开渠道，加大对农村教育事业的投入

在各级财政性教育拨款中，应加大用于农村教育的比例，继续提倡和鼓励厂矿企业、事业单位、社会团体和公民个人根据自愿、量力原则捐资助学、集资办学，欢迎港澳台同胞、海外侨胞、外籍团体和友好人士对农村教育提供专项资助和捐赠，继续争取世界银行贷款；运用金融信贷优惠政策，发展校办产业和勤工俭学，并适当减免税收，以促进农村学校特别是职校自我积累、滚动、发展；进一步放开非义务教育阶段收费，允许一些农村职校收取委托培训费，实行"有偿分配"，以及举办各种短期培训班，以短养长。试行从特殊消费环节和项目中，节约资金，或征收税费，用于农村教育事业。

各地应当合理规划农村学校的规模、结构和布局，避免职教投入的结构性浪费，确保农村职教各项投入的使用效益和效率。

4. 加强管理，不断提高农村教育的办学质量

按照懂业务、会管理、事业心强的标准，选配好各类农村学校的领导班子，以全面质量管理、全员质量管理、全程质量管理为目标，建立健全职校内部的各项规章制度。各类学校都要进一步端正办学方向，改进教学方法，更好地为当地经济建设服务。农村基础教育要在搞好文化基础课教学的同时，适当引进职教因素，加强教育与生产劳动相结合，促进学生的全面发展。农村职业学校在教学中注意"宽、实、活"，即专业覆盖面要宽，课程内容要实际、实用，学制要活；成人教育要注意"短、平、快"，即培训时间要短，学习内容要符合当地农村生产力水平、教育对象接受水平和运用时所需的经济水平，运用后能较快获得经济效益。

教育主管部门要加强对各类学校教学质量管理的检查评比，及时总结经验，解决问题，改进工作，不断提高农村学校的办学质量。

5. 因地制宜，优化农村教改的相关条件

加强师资队伍建设，应重点培养一批面向农村的职业师资。同时应充分利用社会各方特别是企事业单位的一些专家和能工巧匠，组成一支专兼结合的师资队伍。

要尽快提高农村教师的地位，增强职业竞争能力和职业荣誉感。对在偏远贫困地区农村工作的教师，应当采取优惠的待遇给予其鼓励。在不少地方，农村代课教师已成为继民办教师问题之后的又一项难题，困扰着许多农村教育行政管理部门，必须给予高度重视。

加强教材建设，逐步形成既有统一规格，又有地方特色，质量较高、系列配套的农村教材体系。国家应组织力量，重点编好农村职业学校的公共课和通用专业课教材。

加强基地建设。农村学校可通过乡村划拨、挂村联户、自我开辟等办法，建设教学与实习基地；以第二、三产业教学为主的职业学校，可与当地企业分工合作，互惠互利，解决学习基地和实验设施问题；县、村还可用"三教统筹"的办法，建立综合型的农村学校教学、实习基地。

加强农村教育研究，提高改革的科学性。农村教育改革发展，需要有正确的科学理论加以指导。广大农村教育工作者在改革实践中积累的丰富经验，也需要进行理论上的总结、提炼和概括。这就需要加强对农村教育改革的理论研究。一是要加强农村教育改革研究队伍的建设，二是各级教育科研部门，特别是县（市）级教育研究部门，要把科研工作的重心放在促进农村教育的改革和发展上，逐步改变只研究应对升学办法的倾向。

6. 总结经验，进一步加大农村教育综合改革指导的力度

各地应在总结改革经验的基础上，进行新的部署，采取更加有力的措施，推动农村教改的不断深入。加强对农村教育改革的分类指导，特别应当进一步深入研究和探讨西部贫困地区农村教育的改革经验。进一步探索"依法治教"、依法促进农村教育改革的路子，并在此基础上加强督导和评估，进一步将农村教育综合改革的已有经验逐步规范化、制度化，并建立健全相应的评估指标体系。继续加强农村教育综合改革工作的管理机制和队伍建设。

二、大力发展职业教育和成人教育

（一）继续搞好三教统筹，大力发展农村职业技术教育

1. 在提高认识的基础上，进一步加强对基础教育、职业教育和成人教育的统筹规划

在办好基础教育的同时，积极发展各种形式的职业教育和成人教育。关键是进一步转变观念，在全社会创造有利于职业教育特别是农村职业教育发展的社会氛围。

2. 不断完善农村职教的领导管理体制和办学体制

要尽快建立起统一领导、地方为主，统筹规划、分工负责，分级管理、协调配合的农村职教领导管理体制。

3. 改革农村办学体制

改革办学体制，进一步放开农村职教的办学主体、办学模式，扩大

职校的办学自主权。

4. 完善配套改革

要进行与发展农村职教事业密切相关的其他配套制度的改革，包括职业资格认定和技术等级考核制度、人事管理制度，改革城、乡分割的户籍管理制度。

（二）发展各层次职业教育和成人教育

根据市场经济发展和我国贫困地区经济结构调整的需要，职业教育和成人教育必须面向社会、面向市场、面向农村，努力建立健全各级各类培训网络，构建劳动者终身教育体系。通过"合并、共建、联办、划转"，调整中等专业学校的布局，实现规划管理、条块有机结合、结构布局优化、规模效益提高、协调健康发展的目标。

省级主管部门主要规划、办好省属中专、技校、培训机构，地、州、市政府主要办好一所师范性的中等职业学校，县主要办好一所示范性职业高中或职业教育和成人教育培训中心。乡镇要结合农村教育综合改革，使农村小学和初中生能在学校掌握一些基本的生产、生活常识和技能，同时利用农民文化技术学校开展灵活多样的培训。

大力发展成人教育和搞好农村扫盲工作，是建设我国贫困地区终身教育体系和培养千百万农村高素质劳动者的重要保证。在进一步深化农村教育综合改革过程中，要加强农村成人教育、扫盲工作与基础教育、职业教育的有机结合。

积极发展高等职业教育，要支持本科院校发挥自己的专业特色和优势，举办或与企业联办高等职业技术学院（或职业学院）；部分高等专科学校、成人高校、职工大学及重点中专，要通过改革、改组、改制和增补，逐步调整为高等职业技术学院或职业技术培训中心；大力发展民办高等职业技术学院；办好一批师范性高等职业技术学院。通过大力发展职业教育、成人教育，为社会提供大量的科技骨干、致富能手和专门人才。

三、采取特殊措施，扶持民族贫困地区教育的发展

我国贫困地区的民族教育，在全省的经济社会发展中具有特殊的地位和作用，处于民族地区各项事业的战略地位，办好民族教育，提高各民族的素质，可以提高少数民族人民群众参与管理民族地区事务以及直接参与国家大事的意识和能力。通过提高民族地区劳动者的文化技术素质，从而提高民族地区的劳动生产力，促进民族地区经济和社会的发展，这对维护国家统一、巩固边疆有特殊的意义。

（一）把"两基"工作放在民族教育的首位

"两基"是政府行为，确保民族地区基础教育经费，提供起码的办学条件是实现"两基"目标的前提。要切实做好"两基"规划工作，地、州（市）要规划到乡，民族自治地方县要规划到行政村，要结合当地的经济、社会发展，制定好分年度的实施计划，使每个乡都扎扎实实完成"普及小学六年义务教育（简称普六）"和"普及小学和初中九年义务教育（简称普九）"任务，已经通过验收的县、乡，要有切实巩固"两基"成果的硬措施。

要办好民族贫困地区的半寄宿制高小和寄宿制中小学，加强领导，加强管理，自上而下，提高民族贫困地区半寄宿制高小和寄宿制中小学学生的生活补助标准，使学生"进得来、留得住、学得好"，充分发挥这类学校在民族贫困地区普及义务教育中的积极作用。

为切实解决民族贫困地区办学难、上学难、巩固难的问题，要积极探索适合民族地区特点的办学机制和办学形式，鼓励和提倡多种方式的联合办学。事实证明，在一般的普通中小学中同时招收汉族学生和少数民族学生，有利于少数民族的长远发展，有利于各民族的团结。坚持每年选拔优秀的小学、初中毕业生进地、县条件较好的中学学习。创造条件在经济发达地区的中学设立民族部或民族班，面向全省招收优秀的少数民族学生，为培养少数民族高层次人才打好基础。要加强对实施"两

基"难度较大的贫困县的教育对口支援,并逐渐扩大范围。

结合我国贫困地区实际,对社会发育程度较低,经济文化相对滞后的特殊地区的少数民族人群,教育要和扶贫攻坚结合起来,给予特殊的扶持。在边境县要建设好一批边境口岸学校,对靠近国境线行政村的学校在校生实行"三免费"(免杂费、课本费、文具费),充分发挥边境口岸学校对外开放的窗口示范作用。

大力提高教育技术手段的现代化水平和教育信息化程度。运用现代远程教育网络为农村和边远地区提供适合当地需要的教育。加强中小学计算机教学,建议组织专家研究、论证不同地区、不同学校的计算机配置和购买问题,广泛开展现代远程教育。

(二)努力提高民族贫困地区教师素质

把教育部决定的在民族贫困地区开展的"中小学教师综合素质培训"和实施"国家贫困地区义务教育工程"紧密结合起来,实施《中小学教师继续教育工程》,建立起符合民族贫困地区的中小学教师培训模式,构建科学完善的民族贫困地区中小学教师综合素质培训的目标、内容、途径和评价体系。培养的内容主要包括中小学教师教育观念的转变与更新,职业道德与修养的建构,提高教育教学质量的策略与方法,教育科研能力的培训和提高,心理素质的完善和发展等。

民族地区的各级政府和教育行政部门要切实担负起中小学教师综合素质培训的责任,精心规划,认真组织实施。

民族地区的师范院校、教育学院和教师进修学校要转变观念,树立改革意识,积极参与中小学教师综合素质培训工作。

省级教育行政部门成立"贫困地区民族地区中小学教师综合素质培训项目领导小组"和"专家指导委员会",对培训工作的统筹规划、宏观指导、组织协调、监督检查以及保证培训工作的顺利开展具有重要作用。

要加快民族贫困地区师范教育体制的改革,变三级师范为二级师范，逐步提高中小学教师的学历层次，同时培训一批懂双语教学的教师，建立一支文化素质高，爱岗敬业的民族教师队伍，使之成为教育脱贫的中坚力量，促进民族贫困地区教育事业的发展。

（三）建立教育特区

贫困地区发展教育的社会环境欠佳，把教育的发展与社会文化、传统观念、民族乃至民风乡俗等因素考虑进去，才能得到综合治理、整体推进的效果。面对贫困的现实，深思经济特区带动经济发展，农村教育综合改革促进农村经济、社会发生深刻变化的理性认识，在经济、教育的恶性循环难以扼制的地区，借鉴"经济特区"的思路，建立一些"教育特区"，这是教育脱贫的出路之一。

教育特区是贫困地区发展教育的"试验田"，是攻克"两基"难点的"突破口"，是实施"科教兴国"战略的"桥头堡"，是现代文明在贫困地区的"集散地"。

构建"教育特区"的政策设想。

（1）"教育特区"的布局，要尽可能设在包括各级各类学校在内的区域；要照顾不同民族的特殊性；要设在地、州、市及其以上行政管辖范围。

（2）"教育特区"的管理体制应与现行行政管理体制一致，不另设机构。

（3）"教育特区"的各类教育计划应从本地实际出发，尽可能满足其要求。在各级各类教育层次结构合理的前提下，规模宜大则大，宜小则小，不统一要求，不平均划线，也不盲目发展，要讲求质量。

（4）"教育特区"的办学体制应当彻底打破条块分割局面，改变政府包揽的做法，鼓励、支持、促进多元化办学体制的建立和发展。

（5）对贫困地区的师范教育采取更加优惠的包干、支持办法。吸收优秀学生报考师范院校，鼓励外地学生到贫困地区任教。把师范教育招生办法的降分照顾录取型变为优生优待的优惠型，扭转低分学生降分录取而导致低水平上岗、低质量教学的恶性循环局面。

（6）大力发展职业教育，培养大批应用型人才，应是特区教育的特色之一。通过对教育资源的优化组合与合理布局，将社区学院的发展、一部分普通中专的升格与大力发展高等职业技术教育统筹规划，把部分的职工大学与普通高校联合发展高等职教的机制建立起来，沟通、衔接中等职教与高等职教，以解决贫困地区高等教育结构单一和高等职教至今还属空白的局面。

（7）职前与职后教育沟通是改变教育机构重复、资源浪费、职后教育水平往往低于职前教育等不正常现象的有效途径。

（8）"教育特区"首先需要国家财政扶持，更需要政策支持。投资渠道的拓宽、投资体制的多元化，"费"改税的必要性，建立引进特区外资金的机制，是使"教育特区"正常运转的必要条件。

总之，特殊地区的特殊困难，总要有特殊的政策、特殊的办法来解决。

四、调整教育体系结构，促进农村教育与经济的协调发展

（一）调整教育体系结构

我国贫困地区教育的重点在农村，难点也在农村。要从提高民族综合素质和振兴农村经济的高度重视农村教育体系结构的调整，制定相应的地、县农村初中综合改革实施方案。结合我国贫困地区社会主义初级阶段低层次的农村实际，改变农村初中单一的办学模式，在农村高年级实施分流教学。将文化基础相对较差的学生统一编入义务教育初中综合班，在教学安排上减少文化课教学科目，适当降低各学科教学要求，并根据当地经济社会发展的需要选择教学内容，加强劳动技能和农村实用技术的培训，使农村教育更好地为农业、农村和农民服务。

通过努力，彻底扭转一些地方农村初等职业学校质量滑坡，综合初中脱离农村、农民实际需要的情况。各级政府部门要加强统筹，教育内

部各办学单位之间加强协作，结合地县党委、政府提出的支柱产业和开发项目，以此为龙头，由经济部门给任务，科技部门出技术，教育部门培养人才，把农村经济开发、科技开发和人才开发结合起来，使掌握职业技术的学生毕业后有用武之地。最终形成以中小学教育为基础，以中等职业技术学校为骨干，以乡镇成人教育培训中心和村农民文化技术学校为依托，以高等院校和农科部门为后盾的农村人才培养和科技推广网络，依靠科教兴农，依靠科教脱贫。

要调整现有教育体系结构，扩大高中阶段教育和高等教育规模，拓宽人才成长的道路。大力发展高等职业教育是培养一大批具有必要的理论知识和较强实践能力，生产、建设、管理、服务第一线和农村急需的专门人才的有效途径。

构建与社会主义市场经济体制和教育内在规律相适应、不同类型教育相互沟通、相互衔接的教育体制，为学校毕业生提供继续学习深造的机会。高等学校和中等职业学校要创造条件实行弹性的学习制度，放宽招生和入学的年龄限制，允许分阶段完成学业。大力发展现代远程教育、职业资格证书教育和其他继续教育，完善自学考试制度，形成社会化、开放式的教育网络，为适应多层次、多形式的教育需要开辟更广阔的途径，逐渐完善终身学习体系。

（二）调整课程和教材

影响我国贫困地区扶贫工程效益，造成大量返贫现象产生的原因主要是缺乏懂种植、养殖的知识人才。没知识、没文化制约着脱贫目标的实现。调整和改革课程体系、结构、内容，建立新的基础教育课程体系，试行国家课程、地方课程和学校课程。改变课程过分强调学科体系、脱离时代和社会发展以及学生实际的状况。抓紧建立更新教学内容的机制，加强课程的综合性和实践性，重视实验课教学，培养学生实际操作能力。要增强农村特别是贫困地区义务教育的课程、教材与当地经济社会发展的适应性。促进教材的多样化。贫困地区的课程改革应将着眼点放到为当地培养人才，使农村教育切实转变到主要为农村经济和社会发展服务上来。中小学在进行基本的文化知识教育的同时，应渗透实用技术教育，注重学生劳作能力的培养，使学生学到一两项劳动技术，具备基本就业本领，毕业后能成为科技致富的带头人。只有使学校的教育适应当地经济的发展，才能真正吸引家长把孩子送进学校上学。

教材问题是影响这些地区普及义务教育的一个不可忽视的因素。应尽快将我国贫困地区民族贫困地区教材问题列专项进行调研，提出解决办法，并组织力量进行教材改革，尽快着手编制适应这些地区普及义务教育的教材，精简内容，增加实用型的生产、生活内容。

（三）深化学校管理体制改革

应当把学校管理体制改革放在国家改革的大背景下来加以审视。可以借鉴我国经济体制改革的方法：借鉴以公有制为主体的多种所有制经济共同发展的方法，进行办学体制改革，改变由国家包揽办学的格局；借鉴面向市场、以销定产的方法，调整专业和课程设置结构，使所有学生都能各得其所，适应社会需求；借鉴抓大放小的方法，教育行政部门可以抓住一头，放开一片。这样，教育行政部门就可以管好调控、服务等该管的事情。

此外，我们还可以借鉴国家机关机构改革的方法：借鉴坚决裁减冗员的方法，压缩学校行政后勤人员，减轻学校负担，提高办学效益；借鉴干部合理流动、有进有出的方法，形成校长能上能下、教师能进能出的学校人事管理制度；借鉴转变职能、政企分开的方法，减少校内管理层次和环节，加快后勤工作社会化的步伐，建立办事高效、运转协调、行为规范的学校行政管理体系；借鉴机构编制法制化的方法，根据实际需要制定有关学校机构、岗位和编制的制度。

学校管理体制改革的深化要从宏观、中观和微观三个层面进行：在宏观层面上，要建立新型的劳动人事制度，包括建立劳动、人才市场和社会保障体系等，使教职工队伍在流动中优化结构，提高质量，增加活力。在中观层面上，教育行政部门要简政放权，用法规及评估等手段对学校进行宏观管理，并让学校真正拥有人事、财务和教学管理的自主权。在微观层面上，要在校内建立起校长、党支部、教代会责权明晰、各尽其能的运转机制，建立健全校长法人制度、会员聘任合同制度等各种现代学校制度。

五、实事求是适度发展教育产业

(一) 发展民办教育

1. 私人办学的经济学分析

现在要求采取措施鼓励私人办学的呼声已经越来越高。但从经济学方面来论证鼓励私人办学的理论研究不多。在此，对鼓励私人办学问题作一些经济学的分析。

(1) 人们常把政府提供的教育服务称作公共产品，把私人提供的教育服务称为私人产品，把个人组成的团体提供的教育服务称为准公共产品。由于公共产品没有排他性，因此政府所提供的仅限于义务教育、特殊教育、公开教育（广播电视教育）。其余教育可以以私人产品或准公共产品形式出现。

(2) 公共产品性质的教育有赖于政府投资，但政府教育经费有限。政府不可能把一切教育服务的费用都承担下来。例如，要想把高等教育变为公共产品性质的教育，规定任何人都应接受高等教育，那就要增加校舍、教学设备、高等学校师资，这样一来，来自财政的教育投资总额就需要增加若干倍。即使政府要把各种目前不由政府提供经费或不由政府提供主要经费的教育（如团体办学和私人办学）改为由政府提供主要经费，政府的教育投资总额也将大大增加，这是政府财力所不及的。在既定的政府教育投资总额的前提下，为了较好地使用这些投资，政府承担的任务宜集中而不宜分散，经费的作用宜保重点，而不宜铺摊子。因此，让教育服务全都成为公共产品，是不现实的。

(3) 某些等级和类别的教育在性质上不同于义务教育、特殊教育或广播电视形式的公开教育，它们是适合特定需求者的特定教育服务。以成人教育为例，其中既有文化补习性质的成人教育，又有专业培训性质的成人教育，还有丰富人们的文化生活、培养人们多方面兴趣的成人教育。不同的人有不同的需求、不同的偏好。这就不宜将成人教育一律作为公共产品，而由政府负担经费或经费的主要部分。或者说，有些成人教育可以作为公共产品，有些则可以作为准公共产品或私人产品。

（4）公共产品的费用是由国家财政负担的。如上所述，不同的人承担不同的税负：有人多纳税，有人少纳税，有人免征。而对公共产品的享用则又因人而异。假定把公共产品性质的教育服务限制在义务教育、特殊教育、广播电视形式的公开教育这样一些方面，人们不会有意见，都会认为这是合理的。假定把高等学校某些专业的教育、某些专业的中专和职工技术教育的费用基本上由财政承担，人们考虑到这些专业的特殊性，意见也不会很多，也会认为这样做有合理性。然而，如果把所有的教育费用（包括高等教育中非特定专业的学习费用，参加各种类型的补习班、进修班的费用等）全都由财政负担，不仅财政负担不起，而且这也是不公平的。

（5）某一种教育服务究竟采取什么类型，还同效率高低有关。义务教育采取公共产品类型，是为了更好地组织这种教育，使其有较大的成效。但即使是义务教育，采取准公共产品或私人产品性质的教育服务，也可以提高资源利用效率，使义务教育有成效。并不是所有教育的公共产品化都能提高效率。只被某个团体成员所享有的某种教育服务，由该团体供给，与由政府供给相比，效率会更高一些。这就是说，在这种情况下，使之具有准公共产品性质要比使之具有公共产品性质更好一些。至于私人产品性质的教育服务，也有一定的适用范围，而且比较灵活、方便，对供给者与需求者双方都有利。以学龄前教育为例。如果全由政府提供经费，这一方面会使资源得不到充分利用，另一方面还会使供求矛盾扩大，使学龄前教育供不应求。

总之，以上从五个方面说明了不可能让教育服务全都成为公共产品的理由，也就说明了应当容许和鼓励私人办学的理由。

2. 发展民办教育是教育改革的重大突破

民办教育是相对政府办教育，在国家宏观教育政策指导和管理下，通过除国家机关和国有企事业组织以外的其他社会组织以及公民个人办学发展教育事业的一种形式。它是国际上普遍存在的教育制度。

发展民办教育已经成为我国政府发展教育的重要政策和办学体制改革的重要内容。

民办学校有着特有的优势，这种优势就表现在机构不靠国家编制、人员不靠国家调配、经费不靠国家预算、决策不靠上级批准，这"四不靠"强化了民办学校的主体意识，形成了独立自主的决策体制，推进了人尽其才、优胜劣汰的人事制度改革，引入了办学的竞争机制，增强了学校适应社会需求的能力，特别是为全面推进教学改革提供了舞台。

发展民办教育带来的积极作用。一是弥补了国家财政教育经费的不足，使我国教育改革和发展有了一个多渠道、多主体投入的经济基础。二是满足了家长对教育的需求。公办义务教育强调的是一种均等的、面向每一位适龄学生的教育，而民办教育则是一种选择性教育，家长可以对师资队伍、办学特色、教育形式进行选择。三是促进了教育的竞争。民办学校在拥有人事、财务、课程设置等自主权的情况下，能够以与公办学校平等的身份参与竞争，同时这也反过来促进了公办教育的发展，能够改革原先公办学校中机构重叠、人浮于事、效率不高、不能很好承担责任等现象。四是提高了管理效率。民办学校的出现引入了"成本""折旧"等概念。这改变了教育在体制上、结构上、资源上存在的巨大浪费，使国家的教育资源能得到最大程度的利用。五是增强了学校对教育对象的责任感。

应尽快研究制定出近期、中期和长期促进民办教育发展的规划，并制定切实有效的配套政策，尤其是征地、贷款、招生、学历认可、资金提留与使用、职称评聘等方面的政策，鼓励、扶持更多的有志之士积极创办非公有制学校，把更多的社会存量资本和存量人才吸引到发展教育事业上来。

（二）树立教育服务与经营意识，提高办学水平与效益

牢固树立教育的效益观，科学配置教育资源，在坚持质量和效益为中心的前提下，对教育投入和产出进行双重评价，以约束与监督教育资

源配置过程中的人为失误，是非常重要的。

受长期计划经济的消极影响，教育领域最为缺乏的观念莫过于"服务"与"经营"。从现实出发认识教育的产业性，对于树立教育服务与经营意识、提高办学水平与效益，具有重要的现实针对性。

教育作为一种需要耗费稀缺性资源，是受着成本、价格等因素制约的劳动力生产活动，它由市场经济的基本特征所决定，同样明显地受着价值规律的支配。教育系统必须在劳动力的供求结构和总量上与劳动力市场相适应，才能获得自身发展的物质条件和提高系统的效率，也就是说，教育市场是教育资源有效配置的实现条件。

对教育的有效经营可以吸收投资，既可以大量吸引个人和家庭因教育选择注入的消费性教育资金，又可以吸收社会团体和个人举办教育的利益获得性投资。这样，教育将在有效经营中获得大幅度的经费增加，以解决总量性短缺的窘境；在经济发达地区的教育经营开发，将大大节省国家教育经费的投入，并使国家教育投入向贫穷地区倾斜成为可能，以有效改变教育经费结构性短缺现象，国家教育由此可进入良性循环的轨道。

现代教育，在帮助直接服务对象获取生存竞争及可持续发展资本的同时，具有提高国家知识创新能力和综合国力、改善民族精神风貌及全民科学文化素质、开发社会人力资源并缓解就业压力的重要作用。也就是说，教育具有服务于个人及家庭，造福于国家、民族与社会的显著特征。

（三）调整教育所有制结构，明晰教育产权，建立多元化的办学体制

1. 实现农村学校产权结构合理化

（1）界定农村学校的性质，确定公办学校宜于设置的范围。就一个县（市、区）而言，大致是应承担义务教育任务的学校及少数师范性学校，但也不是非公办不行。

（2）通过产权改革，将现有公办职业技术学校基本上改制为民办学校。产权改革后，原属公办的职业学校，其产权归属关系发生变化。政府只是股东，或者政府因产权已经被转让而不再是产权主体，学校的性质便应由公办改变为民办。

（3）通过明晰产权归属以确定主要非政府投资或非政府投资兴建学校的性质。明确学校非国有性质，从而确定这类学校为集体所有的民办学校，给予相应的政策支持。村小应归村民集体所有。

（4）理顺学校内部的产权归属关系，确认学校法人产权，确认学校产权多元化主体的权属数量及其相应的权益。

（5）肯定资产的实物形态，重视资产的价值形态，重视资产的价值交换。学校资产中国有资产的让渡和转化为股权，国有资产实物形态的流失将转化为价值形态的保值和增值。

2．公立大学下设民办二级学院

要使我国高等教育的面貌彻底改变，就必须调动社会各界的办学积极性，吸纳社会教育资源，多渠道筹措教育资金，走公办、民办共同发展的改革之路。

在公立大学下设民办二级学院的优势在于，第一，在公立大学下设民办二级学院的办学模式，体现了"在发展民办教育方面可以迈出更大的步伐"。第二，可以实现公立大学品牌效应与社会力量经济实力的优势互补。在国家未增加投入的情况下，建校初期就能筹集到较多经费，迅速建设高起点、高档次的具有独立校舍的新学院，为扩大办学规模创造良好的条件。第三，可以实现公立大学教育资源与民办学校办学体制上的优势互补。"二级学院"可以依托实力雄厚的公立大学作后盾，充分挖掘公立大学师资潜力，充分利用教育资源，在教学管理和师资力量上得到支持，以确保教育教学质量和办学水平。办学机制灵活，有办学自主权。招聘教职工自主，有权自定教职工工资分配，可以通过有效的激励竞争机制调动教职工的积极性，可以招聘到高水平的教师；财务独立，自负盈亏。第四，专业设置灵活，可以增设本地区经济社会文化发展所急需的新学科和新专业，培养急需的人才。第五，学校可以在发展教育产业方面进行新尝试，不但可以有自己的经营实体、实习基地，还能解决部分毕业生的出路问题，能够取得较好的社会效益和经济效益。

总之，公立大学下设民办二级学院是落实"科教兴国"战略的重要举措，是高校在国家教育投入严重不足的情况下扩大招生规模，促进高等教育改革与发展的重要途径之一。

（四）建立教育银行和教育产业集团

1．关于教育银行

教育经费主要有两大来源：一是各级财政拨款，二是由其他渠道来的经费，包括学校自身收入、社会集资、捐赠、企业给的补助等。两个来源的经费合到一起，由学校使用，但学校在使用时，由于时间上的差距而不得不让资金暂时闲置，形成资金使用效率的下降。在教育领域内，经费总额不足和资金的暂时闲置是并存的。成立教育银行，有助于融通资金，使总量有限的教育经费得到更好的利用。

教育银行有助于把某些教育经费（如科技开发费等）由无偿使用变为有偿使用，以节省教育经费。教育银行还可以运用差别利率等调节手段来提高教育经费的使用效率。在这里，一个重要的原则是破除教育贷款中的平均主义。不能把教育银行看成是教育领域的"扶贫"机构。教育银行对待申请贷款的教育单位的态度，应当根据科技开发项目的效益的高低而定。这将督促各个教育单位努力提高教育经费的使用效率，改变"吃大锅饭"的格局。

建立教育银行可以利用所吸收的各种存款和发行教育银行债券等方式筹集资金，以支持学校进行科技开发和兴办校办企业等。教育银行作为金融机构和经济信息、科技信息的中心，还可以通过咨询服务等活动来促进各个学校的科技开发事业、校办企业的发展。在教育银行的支持下，只要学校的科技开发事业、校办企业发展起来了，学校的教育经费就会增加，教师的集体福利事业也有可能得到发展。

教育银行应朝着商业银行的方向发展。教育银行的业务范围以教育领域为主，但又不限于教育领域。它可以在国家法律和政策容许的范围内经营各种金融业务。

2. 成立教育产业集团

教育产业集团是政府直接领导的教育经营的集团，是教育资金筹集与运营的责任主体。

（1）教育产业集团是运营教育资金的社会法人

教育资金的筹集，更多的是政府行为。政府行为能使人们产生可靠性，但也给人一种强制性的感觉，所以，把政府行为通过公司这一法人实体去实施，让人们在利益驱动下作出应该作的选择。对聚集起来的教育资金的运营，由政府扶持或支持项目是可行的，但由政府直接运作，便超越了政府的职能，也使之失去了经济责任的主体。这也是不利于或不符合现代公司制度及其规范行为的，更重要的是，公司法人行为可以缓冲政府行为产生的矛盾。

（2）教育产业集团是有价"教育证券"的发行者

教育储蓄是可以依从银行业务而开展的。但银行作为一种"中介"，是不能直接承担"教育证券"业务的，如教育投资券、教育股票及教育信托的上市或开展业务。这些业务的第一直接承担者应是集团公司。

教育储蓄金（或教育信托储蓄）、教育债券和教育股票，作为一种新型的金融商品，既要有教育消费（购买）者，也要有售出者（教育银行），还要有生产者——教育产业集团。

（3）教育产业集团可以扩大或提高教育资金运作的规模经济效益

规模经济效益必须有相当的大机构去实现。通过产业集团去运作由零散而集中起来的教育资金，可以产生较高的效率。

（4）教育产业集团是集中现有教育系统内各种资源，并加以科学配置运作的有效形式

教育系统的特有资源特点是量大面广，但却一直没有得到充分的重视和利用。建立教育产业集团的重要目的，就是要科学配置教育系统中的人才、物资、资金。

教育产业集团的经营范围可以是：

1）教育信托投资公司。

2）教育银行（教育信用社，或直属于某家商业银行）。

3）教育产权代理公司。

4）教育旅游公司。

5）教育出版社（如课本、教材、参考书、课余读物等）。

6）教育文具器厂、服装厂、保健品厂。

7）教育建筑公司。

8）教育印刷厂。

9）学生营养配餐公司。

10）玩具教具厂。

11）教育房地产公司。

12）教育保险公司。

13）教育装饰设计公司。

14）教育家具厂。

15）教育高科技产业开发集团。

16）教育物资贸易公司。

（五）适度发展教育产业

（1）要解放思想，更新观念，提高人们对教育产业的认识。

（2）从国情出发，实事求是，深入调查研究、科学规划、分类指导、分区试点。把重点放在高等教育及非义务教育阶段，在区划上，将重点放在城镇居民存款余额及人均国内生产总值较高、经济相对发达的地区、教育基础较好的地区。

（3）建立健全发展教育产业的保障机制，完善有关教育产业的法规及配套措施，切实提高教育投资效益。

第四节　全面推进素质教育

国运兴衰，系于教育；教育振兴，全民有责。当今世界，科学技术突飞猛进，知识经济已见端倪，国力竞争日趋激烈。综合国力的竞争，越来越表现为经济实力、国防实力和民族凝聚力的竞争。无论就其中哪一方面实力的增强来说，教育都具有基础性的地位。教育在综合国力的形成中处于基础地位，国力的强弱越来越取决于劳动者素质，取决于各类人才的质量和数量，这对于培养和造就21世纪的一代新人提出了更加迫切的要求。

实施素质教育与"教育脱贫"有着相辅相成的关系，没有高质量的教育，"教育脱贫"就是空话，不实施素质教育，"两基"成果就难以巩固。没有"两基"目标的实现和达标后的巩固提高，党的教育方针就难以贯彻执行，提高劳动者素质只会是一种难以实现的理想，贫困问题将难以从根本上得到解决。

实施素质教育，就是全面贯彻党的教育方针，以提高国民素质为根本宗旨，以培养学生的创新精神和实践能力为重点，造就"有理想、有道德、有文化、有纪律"的德、智、体、美等全面发展的社会主义事业建设者和接班人。

从我国贫困地区的实际情况看，教育与经济已经进入了融合的时代。应当立足于经济社会的发展，重新审视教育的本质及功能，立足于经济社会发展的内在要求，探索教育发展与改革的根本途径。要突破就教育论教育，就教育改革论教育改革的传统的封闭的思维框架，在思考并实施素质教育时同样必须如此。从应试教育向素质教育转变，从根本上说是经济社会发展到一定阶段的内在要求，也是经济发展的重要基础和内在要求。

一、素质教育与经济社会的发展趋势

随着现代化进程尤其是知识经济时代的到来，应试教育的弊端越来越明显。应试教育转向素质教育，这是一个必然的过程。素质教育虽然是与应试教育截然不同的教育体系（表现为观念、思想、课程、内容、方法、质量标准、功能等诸多方面的差别），但实施素质教育不完全是因为应试教育的弊端，而是以经济社会发展的内在要求为根本依据的。实施素质教育不是简单地表现为对应试教育的纠偏，不是对应试教育的简单否定，也不仅仅是教育系统内部的自我调整、改良，而是依据经济社会发展的内在要求，在扬弃中继承，在发展中重建素质教育体系。

要把教育放在经济社会发展的宏观背景中去思考，立足于经济社会的发展，重新审视教育的本质及功能，探索教育改革与发展的根本途径。

二、素质教育与经济社会的发展目标

目前我国社会的目标是：我国要实现经济社会的现代化；我国要实现经济社会的可持续发展；我国要建立社会主义市场经济体制的基本框架；迎接知识经济时代的挑战。这些对教育提出的要求越来越紧迫、越来越高，内在地要求素质教育与之相适应。

（一）经济社会的现代化对人才培养目标提出了新要求

我国要实现由小康向现代化的大跨越，这对教育、人才提出了新的要求。现代化经济的本质特征至少表现在如下三个方面：一是经济开始社会化。"经济社会化"和"社会经济化"是两个不同的概念。社会经济化，经济压倒一切，甚至不惜牺牲其他方面的发展来赢得经济数量的增长。经济社会化，经济发展只是一种手段，发展经济的目的是要推动整个社会的全面进步，发展经济的宗旨是要实现经济社会的协调发展和社会的整体文明。二是经济开始质量化。这主要是指经济增长方式将发生根本变化，从资源依赖、数量扩张走向科技依赖、质量和内涵发展。三是经济不是简单的技术化，而是科学化、信息化。这三个方面的特征对人才提出了三个方面的要求：一是要求人才素质的综合化，二是要求人才的个性化并有创新的能力，三是要求人才的多样化。经济的变革及其对人才的呼唤必然体现为对教育的要求。于是，原先那种教育就失去了基础，教育改革势在必行。

（二）经济社会可持续发展战略对人才提出综合文化素质的要求

环境问题从某种意义上说是人类生存方式扭曲的结果。人类的生活方式可以分为四类：第一类是生存型或叫环境依赖型，总体上说生态容易保持平衡。第二类是享受型，实际上是一种失衡型、污染型，常以经济的迅速增长为基础，以牺牲资源和破坏环境为代价。第三类是发展型，人们逐步摆脱物质资料的束缚，开始追求精神生活、文化生活的享受。第四类是环境型，即把拥有环境作为生活资料的重要内容。人类的生活方式要进行变革，教育是变革的关键。人类生活方式变化的过程，实际上是发展教育改变人口的素质的过程，实现可持续发展的根本出路在于提高全民的教育程度。经济社会可持续发展作为一个重要战略，不是单靠行政命令或经济行为就能够实现的，它必须建立在教育和全民族素质提高的基础上。这就是说，教育问题，已经不再是单纯的社会事业，而是经济社会可持续发展战略和中国特色社会主义文化建设的重要支点。可持续发展对人才提出了综合文化素质的要求，要求学生从仅仅会应试中走出来。因此，要实现经济与社会、生产方式与生活方式的协调发展，就需要培养可持续发展的人，要培养人的可持续发展的素质，要有可持续发展的教育，而这种可持续发展的教育就只能是素质教育。

（三）市场经济的发展，需要国民素质和价值的支撑

市场经济需要一种价值文化去支撑。越是发达的市场经济，对人的素质要求就越高。我们目前发展市场经济的一个潜在的危机正在于国民素质不高，文化环境不够理想。现在我国经济发展的政治环境、体制环境已经逐步改善，而文化环境的落脚点是要提高整个民族的价值道德伦理水准，要求整个社会具有良好的商业道德、商业信誉、商业伦理，并依靠这种文化的发展来支撑下一步经济的发展。这就要求把教育作为整个文化建设的奠基工程，通过教育的行为、教育的功能，使儿童从一开始就能接受良好的人格教育、伦理教育、社会人文道德教育，而这正是当前素质教育的一个极其重要的课题。所以素质教育不仅仅是教育内部的一种调整，而且是市场经济对教育的一种迫切呼唤。在经济社会发出这样强烈的呼唤的时候，教育应该当仁不让地站出来承担起自己的历史使命。

实施跨世纪素质教育工程的首要任务是准确把握经济社会发展的内在要求，重在设计，重在创造，即要根据各地经济社会发展的差异，创造素质教育的地区特色；根据经济社会发展在不同时期的特点，创造素

质教育的阶段特色；根据不同学校自身的优势和特点寻找突破口，创造素质教育的学校特点。承认差异、创造特色是素质教育的生命。

（1）要立足于经济社会发展的要求，具体分析各地经济社会发展的差异，寻找不同的突破口，素质教育应该是具体的而不应该是抽象的，应该是有特色的而不应该是一种模式。

（2）在实施素质教育的过程中，要多从经济社会发展的角度思考问题，要考虑怎样才能把经济社会发展的要求体现到教师素质、校长素质中去，体现到课程内容和教学方法中去。实施素质教育，校长、教师的素质是关键。要让校长、教师对经济发展有所了解，对社区的发展有所促进，使教育能够面对社区，面对经济，保证教师在培养人才的时候心目中有经济社会发展的目标，能依据国家经济社会发展的内在要求去判断教育的得失是非。课程内容、教材的改革是实施素质教育的核心。课程内容及教材改革要能反映经济社会发展的要求。

素质教育的主战场是课堂，要提高课堂教学效果。

必须强调的是，不失时机地推进素质教育，是关系 21 世纪经济社会发展的重大战略问题。许多国家都把 quality-oriented education（质量教育）或 whole quality-oriented education（全面质量教育）即素质教育，作为教育改革与发展的目标，就是为了使自己能在 21 世纪经济竞争中处于主动地位。这是一种竞争，也是一种挑战，我们不能再等待观望，不能再有丝毫的犹豫，而应当坚定不移，立即行动，这是我国经济社会发展赋予我们的神圣使命。

三、义务教育的质量是亟待解决的问题

（一）充分认识义务教育阶段学生质量问题的严峻性，在抓好"两基"的过程中牢固树立素质教育意识

我国贫困地区（尤其是贫困地区）义务教育阶段存在的质量问题应引起高度的警惕和重视。在进一步提高入学率、巩固率的同时，有必要把义务教育的质量问题摆在更加重要的位置上。当前提高义务教育质量

的中心工作有两项：一是大力加强义务教育特别是一般初中的基础设施建设。各级政府要在集中财力为中小学配备必要的图书和教育教学设备、场地，特别是音乐、美术、体育、劳技等科教学所需的设施的同时，下功夫抓好教师的培训和提高，并切实帮助他们解决后顾之忧。这是解决初中阶段质量问题的当务之急。二是通过教育自身的改革，全面贯彻党的教育方针，以全面培养学生的基本素质为宗旨，走上健康发展的轨道。除解决好大的环境与机制，如改革高考升学制度、用人制度，大力发展职业技术教育以外，当前，重要的是更新中小学领导和教师的教育观念，提高他们自身的思想业务素质，切实改变落后的教学方法。这个问题解决了，就能在很大程度上扭转"应试教育"的局面。

（二）深化教育改革，向改革要质量

提高教育质量，一靠投入，二靠改革。

首先，必须改革初中的教学要求和教学内容。现行初中的教学要求和教学内容不够合理。从教学要求看，对学科知识的学术性要求过高，而对学生掌握知识、应用知识的综合能力的要求又不明确。这不仅与我国贫困地区省目前初中的办学条件和师资水平形成明显的反差，而且脱离学生学习、生活的实际。初中学生质量不高的问题，恰恰说明了大量学生特别是经济和教育发展水平都不高的地区的广大学生对这种教学要求的不适应。而教学内容的不合理主要表现在两个方面：一是学科门类太多，且自成体系，互不沟通。这是造成初中教学要求偏高、内容繁多、课时紧张、学生负担加重的重要原因。二是教学内容脱离实际，实用性差。造成这些问题的根本原因是现行的中小学教学体系基本上还是为升学服务的。这个问题不解决，素质教育就无法落到实处。因此，建议从现在起着手研究改革义务教育阶段的教学体系，调整教学要求，增加实际生活中需要的、与学生日常生活联系紧密的知识，如语文教学中的应用文，数学教学中的统计知识，科学教学中的有关衣、食、住、行和环境保护方面的知识等。同时加强对学生观察、思考、动手和自己解决问题能力的培养，使义务教育的教学体系真正体现素质教育的目标要求。

其次，要改革单一的初中办学模式。目前的初中大致在同一种教学要求下采取同一种办学模式，很不适应我国贫困地区地区发展的多样性和不平衡性。贫困地区初中的测试成绩较差，一方面说明其基础条件，特别是师资水平太差，另一方面也表明，目前统一的教学要求和办学模式很不适应地区差别。这个问题不解决，贫困落后地区的义务教育只会事倍而功半，其效益和质量也无从提高。建议在保证最基本的教学要求的前提下，各地结合本地特点试办不同模式的初中学校。经济不发达地区应结合小学分流，试办农村综合初中。这类学校可以适当降低对文化课的学科要求，减少课程门类，并在完成文化课基本要求的基础上，分年级逐步引入技术或职业课。

此外，要改革和完善小学、初中毕业升学考试制度，以便从质量检测的角度，引导学校和教师注重学生的全面发展，注重学生实际能力的培养，防止和克服为应试而教、为应试而学的倾向。

（三）研究制定义务教育学生质量基本要求，完善质量评价手段

义务教育阶段学生质量不高除了与师资水平、办学条件、学生自身的学习态度和努力程度有关外，还与我们多年来对义务教育阶段学生质量的要求不明确、不具体、质量评价的方法不科学有很大关系。因此有必要制定义务教育阶段学生质量的基本（最低）标准。这套标准不仅要考虑当前需要，更要考虑学生今后进一步学习、工作、生活的基本需要，应当是面向义务教育阶段全体学生的最基本的质量要求。同时要建立科学、可行的质量目标评价体系，以便为各地评估义务教育质量提供依据。

（四）建立义务教育质量监测与评价系统

要保证义务教育质量，一是要制定必要的法规、政策，以保证义务教育必备的办学条件，特别是保证师资的数量和质量；二是要制定义务教育阶段学生质量的基本标准，作为评估各地义务教育质量的依据；三是建立义务教育质量的监测、评价系统。建立这一系统要有专人负责，同时要有必要的经费保证。组织力量依据义务教育阶段学生质量的基本

标准每年或隔年对全省范围的小学和初中学生进行抽样测查。测查的结果统一汇总、分析，发现问题，找出原因，并及时反馈给有关部门，以利于加强宏观控制和指导。

　　总之，质量监控是政府宏观管理的一项重要职责。今后随着质量评价方法和体系的完善，要把质量监控的重点逐步从过程管理转到目标监控上，通过抽样测评、信息监测、教学督导等方面密切配合，从而有效地保证义务教育的质量。

四、全面推进素质教育的举措

　　全面推进素质教育，要面向现代化、面向世界、面向未来。

　　全面推进素质教育，使受教育者坚持学习科学文化与加强思想修养的统一，坚持学习书本知识与投身社会实践的统一，坚持实现自身价值与服务祖国人民的统一，坚持树立远大理想与进行艰苦奋斗的统一。

　　全面推进素质教育，要坚持面向全体学生，为学生的全面发展创造相应的条件，依法保障适龄儿童和青少年学习的基本权力，尊重学生身心发展特点和教育规律，使学生生动活泼、积极主动地得到发展。

　　思想政治素质是最重要的素质。不断增强学生和群众的爱国主义、集体主义、社会主义思想，是素质教育的灵魂。

　　实施素质教育，必须把德育、智育、体育、美育等有机地统一在教育活动的各个环节。

　　素质教育应当贯穿于幼儿教育、中小学教育、职业教育、成人教育、高等教育等各级各类教育，应当贯穿于学校教育、家庭教育和社会教育等各方面。在不同阶段和不同方面应当有不同的内容和重点，相互配合，全面推进。在我国贫困地区的贫困、民族、边疆地区应该有自己的特点。

　　实现"两基"目标，是我国贫困地区全面推进素质教育的基础。普及九年义务教育，满足基本学习需要和提高劳动者的整体素质，是教育工作的首要目标。各级政府应继续将"两基"作为教育工作的"重中之重"，确保我国贫困地区"两基"目标的实现和达标后的巩固与提高。

从我国贫困地区的实际出发，改造薄弱学校，提高义务教育阶段的整体办学水平。加大对贫困、民族、边疆地区的扶持力度。

全面推进素质教育，关键在领导，根本靠法治。各级党委和人民政府要切实落实教育优先发展的战略地位。全面推进素质教育是党和政府的重要职责，各级领导干部要转变观念，充分认识素质教育的重要性和紧迫性，把思想统一到中央的决定上来，认真贯彻落实。建立自上而下的素质教育评估检查体系，逐级考核省、市、县、乡各级党委和政府及其主要领导干部抓素质教育工作的情况。各级党委和政府及其有关部门要通力合作，为实施素质教育创造良好的政策环境。要制定有关素质教育的制度和法规，逐步实现素质教育制度化、法治化。进一步健全教育督导机构，完善教育督导制度，在继续进行"两基"督导检查的同时，把保障实施素质教育作为教育督导的重要任务。

改革社会用人制度是全面推进素质教育的当务之急。社会用人制度对于实施素质教育有着重要的导向作用。建议有关部门制定有关细则，明确对各类劳动者的岗位要求，积极推行劳动预备制度，坚持实行"先培训、后上岗"的就业制度。建议省教委与人事、劳动和社会保障部门共同协调，在全省实行学业证书、职业资格证书并重的制度。转变传统的人才观念，形成使用人才重素质、重实际能力的良好风气。

创造各种条件，促进教育与生产劳动相结合。教育与生产劳动相结合是培养全面发展人才的重要途径，也是我省"教育脱贫"的有效途径。学校要从实际出发，加强和改进对学生的生产劳动和实践教育，使其接触自然、了解社会，培养热爱劳动的习惯和艰苦奋斗的精神。建立青少年参与社区服务和社区建设的制度。要鼓励中小学生积极参加形式多样的课外活动，农村学校要因地制宜，积极创造条件，培养动手能力。

优化结构，建立全面推进素质教育的高质量的教师队伍。全面推进素质教育，是教育事业的一场深刻变革，是一项事关全局、影响深远和涉及社会各方面的系统工程。要通过新闻媒体的正确议论导向，深入动员社会各界关心、支持和投身素质教育。学校、家庭和社会要互相沟通、积极配合，共同开创素质教育工作的新局面。

五、优化结构，建设高质量的教师队伍

（一）建设高质量的教师队伍，是教育脱贫的基本保证

贫困地区的广大教师热爱党，热爱社会主义祖国，忠诚于人民的教育事业。他们是"教育脱贫"的生力军，应当"学为人师，行为世范"，要树立正确的教育观、质量观和人才观，增强全面贯彻党的教育方针、全面提高教育质量的自觉性；不断提高思想政治素质和业务素质，教书育人，为人师表，敬业爱生；有宽广厚实的业务知识和终身学习的自觉性，掌握必要的现代教育技术手段；要遵循教育规律，积极参与教学科研，在工作中勇于探索创新；与学生平等相处，尊重学生人格，因材施教，保护学生的合法权益；要为当地的"教育脱贫"做出自己的贡献。

（二）实施跨世纪园丁工程

加强和改革师范教育，大力提高师资培养质量。调整师范学校的层次和布局，鼓励综合性高等学校和非师范类高等学校参与培养、培训中小学教师的工作，为贫困地区培养教育脱贫所需的师资。在努力办好师范教育的同时，逐步增加综合大学毕业生到中学任教的比例。

把提高教师"全面贯彻党的教育方针，全面提高教育质量"的能力和水平作为师资培养、培训的重点。总结我国贫困地区中小学教师继续教育的经验，开展以培训教师为目标、骨干教师为重点的继续教育，使中小学教师的整体素质明显提高。中小学专任教师以及师范学校在校生都要接受计算机基础知识和技能培训。注意吸收企业优秀工程技术和管理人员到职业学校任教，加快建设"教育脱贫"所需的兼有教师资格和其他专业技术职务的"双师型"教师队伍。

要建立健全鼓励优秀青年教师增长才干和脱颖而出的机制，充分发挥广大教师教书育人的积极性和创造性。建议各级人民政府通过多渠道筹资设立骨干教师专项资金，在大中小学培养一批高水平的学科带头人和有较大影响的教书育人专家，造就一支符合时代要求、能发挥师范作

用的骨干教师队伍。实施我国贫困地区中小学中青年"百千万"骨干教师工程，奖励省级 100 名、地区 1 000 名、县级 10 000 名中小学优秀中青年教师，奖励优秀教育教学成果。对高水平的、有突出贡献的教师要"优劳优酬"，给予特别荣誉和奖励。

（三）建立优化教师队伍的有效机制

众所周知，目前贫困地区教师素质已影响到"两基"目标的实现，也严重影响了教师的职业形象。为此，要建立科学有效的竞争激励机制。有关教育部门要制订相应的各级各类教师的具体任职标准，并据此标准严格考核。

要全面实施教师资格制度，根据现阶段的实际状况，建立考任、晋升、考核等制度，不断提高教师队伍的基本素质。开展面向社会认定教师资格工作，拓宽教师来源渠道，引入竞争激励机制，完善教师职务聘任制，提高教育质量和办学效益。经县级以上教育行政部门审批，中小学可根据学校编制面向社会公开招聘教师。建立健全市场调节与计划调节相结合的、允许教师合理流动、允许校方与教师双向选择的新的制约机制。

加强编制管理，精简富余人员。认真做好各级各类学校转岗教师的管理服务工作，进一步建立和完善人才流动的社会服务体系，搞好人才供求信息的收集和发布工作，开展转岗前职业培训，协调和促进教师的合理流动。各级人民政府的人事、劳动和社会保障、财政部门要提供必要的政策指导和经费支持。

（四）合理配置教师资源

制定边远、贫困地区师范生定期服务制度：第一，高待遇；第二，实行轮换制（类似部队服兵役一样）。

应制定各种政策，采取各种措施，鼓励其他行业、机关企事业单位的有文化者到农村中小学任教，鼓励中小城市（镇）学校教师以各种方式到农村缺编学校任教，加强农村教师队伍建设。城镇中小学教师原则上要有一年以上在农村学校任教经历，才可聘为高级教师职务。采取优惠政策，吸引和鼓励教师到贫困、民族、边疆地区任教。经济发达地区也要采取多种形式，帮助这些地区提高教师队伍水平。

（五）努力造就高水平的管理干部队伍

校长在当地的教育脱贫工作中具有特殊作用，要率先转变教育观念，把领导教职工创造性地实施教育脱贫、全面贯彻党的教育方针、全面提高教育教学质量、提高办学效益作为重要职责。要继续完善校长选拔和任用制度，鼓励优秀校长到欠发达地区学校任教。对富余的学校管理人员要转岗分流。

（六）充分发挥教师劳动力之所长

要调动教师的积极性，应该对教职工的需要采取一定的激励措施。所谓激励，就是激发和鼓励人的积极性，就是人们朝向某一特定目标行动的倾向，激励的形式以人们的需要可分为物质激励和精神激励两方面。要通过调查，把握教师的真实需要，并建立健全满足各层次需要的激励制度，而且采取的激励措施应该是丰富多样的。

作为学校的管理者，要处理好各层次需要相互制约的辩证关系。这种辩证关系表现为高层需要对低层需要的主导作用和低层需要对高层需要的基础作用。管理上，片面强调任何一方面的作用而忽视另一方面，都不会有理想的管理效果，在全面考虑各层需要的满足和它们的动力功能发挥的同时，宜在高层次需要主导下注意一个由低到高的顺序，即首先充分发挥最低层次需要的动力功能，引导教职工通过努力工作来追求其满足。在此基础上通过高层次需要的调节，避免低层次需要的畸形发展。

事业留人、感情留人、待遇留人。教师很注重事业的成功，很注重在工作中追求满足的需要，如贡献、尽责、创造、成就、发展、提高等。他们为全面贯彻国家的教育方针，贯彻"教育要面向现代化、面向世界、面向未来"，不懈地努力。通过教育教学，取得了成绩，产生了对工资、奖金、荣誉、承认等的需要。如果教师全力追求的需要得到满足，其余的需要将可能降至仅为生活必需条件的最低水平。同时我们也看到在许多民族、贫困地区，在那些草棚小学、"一师一校"里，大批的教师们在极度艰苦的条件下，在荒芜、贫瘠的"土地"上，为培养祖国的下一代，默默地耕耘，只有奉献，没有索取，他们有崇高的境界，高尚的情操，值得全社会大力弘扬，政府各级有关部门更应该多给予一点关怀，一点支持。

教师需要的特点是在教师自身各种需要的比较中才显示出来的。它表现为以强烈的求知努力来满足自己的认识需要，乐于服理、不屈于强制、鄙视粗野、敬慕德才。对自尊、荣誉需要的关切也是教师需要的重要特点。对于这些"需要"，应积极引导，否则在其发展中也会产生消极的偏向，自尊、荣誉可能会产生虚荣心；物质需要也可能会脱离精神调节而出现畸形。所以有必要在无须改变个人需要的条件下，采取与个人需要相适应的方式使其与集体需要一致起来。这里的关键在于正确评价个人的需要，找出与集体需要的一致点，变通管理手段，使个人为集体利益而努力的同时，也获得与集体相一致的个人需要。

总之，用人唯才，事关管理的有效性，事关组织的有效性，更事关今天的教育工作领域中，个人和社会的有效性。

作为教师本身，必须全面贯彻国家的教育方针，树立正确的教育观、质量观、人才观，具有良好的师德，敬业、爱岗、忠于人民的教育事业。要不断提高自身的素质，用现代教育思想武装自己的头脑，用素质教育思想指导教育教学全过程。按素质教育对教师的起码要求，提高职业技能，苦练教学基本功，做到"一专多能"。要提高教育理论素养，逐渐由知识型教师向科研型教师转变，不做一般的"教书匠"，努力使自己成为既会传授知识，又会训练能力，还会研究教育教学的学者型、科研型教师。

第四章　乡村振兴战略概述

第一节　乡村振兴战略的背景

一、以城带乡、积极惠农

我国是一个农业大国，农村的发展与变革迫在眉睫，不可不倾注大量的人力、物力、财力和政策扶持，让农村发展好，为我国政治、经济、文化、科技的长远发展打下扎实的基础，促进我国综合实力的稳步提高，振兴中华民族，让我国成为优秀的地球卫士，让世界朝着和谐、美好的道路前进。

（一）中央财政逐渐倾向于乡村

我国财政政策对于农业的补贴最先推行于良种之上，范围也在逐年扩展。从一个品种：高油大豆；到两个品种：高油大豆和优质小麦；再到四个品种：大豆、小麦、水稻、玉米；再后来进一步扩大到主要农作物品种和次要作用品种之上，逐渐将农村中各项作物纳入补贴范围中来，有效地提高了农业的生产力度，增加了农民的收益，为我国国民发展提供了坚实的物质基础。

中央财政政策逐渐加大了对农村的扶持力度和扶持范围，在农业机械的购置和农业生产各项资料上都拨出了大量资金，高达数千亿元，取得了显著的成果，推动了乡村农业的机械化水平，缓解了农业生产的压力。

党和政府对于农村发展的制度建设一直走在探索前进的路上，如鼓励农民进行土壤成分检测和配方施肥工作的推广，费用可以酌情申报补贴；号召"科技入户"，对于优秀先进示范者给予表彰奖励；积极引领农村承建自己的小型水电站，给予一定力度的资金和人才技术的帮扶；在一些省份推行农业保险试点，期间的一切费用由国家财政补贴；开启社会主义新农村的建设，着力推进乡村村容的整改；再到如今充分发挥党的优势，以党为领导核心，调动一切国民力量，大力振兴乡村，促进城乡的融合发展。如此种种都是我国一代又一代国家领导人的智慧和心血的凝结，他们全心全意为人民服务，一心一意为乡村谋发展、寻出路，力求让乡村的发展更加全面、深化，让我国国民的生活更加和谐、美好。

政府财政上对于农业的各项补贴于"三农"问题的解决是十分有益的，让乡村的整体实力得到了有效提升，让乡村的伟大振兴不再遥不可及。

（二）取消农业税

市场经济日益活跃，财政收入不断上升，让我国的综合财力得到了显著的增长，也有了稳定的保障，因此，党和政府在经过深思熟虑之后决定废止农业税的各项条例，将农民们从繁重的赋税之中解放，还农业以自由。

（三）乡村基础设施建设和社会保障体系的探索

乡村的发展必须要解决乡间百姓们最最担心的问题，给予他们实实在在的好处，优惠扶持让大家能够看得见、摸得着、感受得到，这样老百姓才会开心、幸福，老百姓满足了，所做的一切才有价值和意义。而我国党和政府也正是如此做的，一直把乡间百姓放在心上，在涉及大家切实利益上的基础设施建设和社会保障体系尚不断地探索中，推行了、颁布了一系列活动和政策，才能保障、维护大家的美好、幸福、舒适生活。

其一，率先免除全国农村义务教育学生的全部学杂费，缓解了农村上学压力，让孩子有机会上学，普及了乡村教育的发展；其二，在全国范围内推行农村最低生活保障制度，对于切实贫困的家庭和人员，按月给予生活补助，让贫困人口的温饱问题得以一定程度的解决；其三，推动新型农村合作医疗政策的实施，大部分贫困乡村的医保费用酌情地让当地政府承担，让百姓们生病住院有了一定程度的保障，有效地减少了因病致贫，因病返贫的发生率。

二、城乡一体促农发展

农业的大力发展光靠保护是远远不够的，还要着力于竞争力的提升，只有有了特色和优势，才能保持住迅猛的势头，增强抵御外界干扰的能力，不断向前发展，为农民们创收，为乡村的发展提供源源不竭的动力支撑，让我国各个乡村早日实现振兴。

（一）财政补贴加大扶持力度

国家和地方财政不断加大对农业的扶持力度，积极在乡村推行惠农政策，也确确实实给了农民们很多实际性的优惠。

（二）推进农业补贴的制度保障

财政部、农业农村部联合颁布了多项文件，如《关于调整完善农业三项补贴政策的指导意见》《农业支持保护补贴资金管理办法》等，极力增强农业补贴的落实效果，让补贴实实在在用在农业生产的优化扩大上。

（三）积极应对经济全球化

全球化是无法逆转的趋势，任何国家都无法置身事外，在面对全球金融危机之时，我国中央政府迅速做出回应，决定暂时性地实行收储政策，降低农民的风险，稳定农产品市场，保障好农民们的利益。

（四）逐步改革农产品价格形成机制

我国在保障农民们的基本收益之下，不断降低农产品的收购价格，减轻我国国民对于国外产品的依赖程度，早日实现自产自销，让我国的农产品在国际竞争之中突显出价格优势。

（五）拥护资源配置中市场的决定权

如今是市场经济的时代，逐渐形成了以市场机制为主体的经济制度，市场有其独特的敏锐性和强大的决定权，为了维持正常的运转，会通过价格、供求、竞争等合理的变化和有机的结合，实现资源在初次分配和再次分配中的自由、灵活、有效、合理配置。

农业竞争力的提升，不是朝夕之间可以实现的，需要克服各种根深蒂固的困难，持之以恒地推进，才能一步步看到希望，走向光明。

第二节　乡村振兴战略的内涵

一、城乡关系逐渐走向融合

全球化的趋势势不可挡，把世界各国都席卷进了这个浪潮之中，我国也不例外，这既是机遇也是挑战，给我们党和政府提出了全新的要求。改革开放以来我们党和政府从未间断过对城乡关系的探索，从城乡统筹发展，到城乡一体化，再到如今的城乡融合发展，两者的关系逐渐走向融合，推进成效也日益显著，这是大家共同努力的结果，是直面全球化的挑战，让我国更好地屹立于世界民族之林的最佳途径。

二、城乡融合必然要求振兴乡村

（一）缩短城乡差距的必然要求

尽管时代如此发展，我国的综合实力得到了显著的提升，百姓们的生活水平也有了质的飞跃，但我们依然不得不承认的一个事实就是城乡差距仍旧巨大。

乡村振兴正是缩短城乡差距的一剂良药，将"三农"问题的解决作为发展的核心，着力改善民生，促进农业的全方位、多层次发展；引领农民们扮演好主人翁角色，推动家家户户实现精神和物质上的同步增长，让农村早日脱贫致富。

(二) 城镇化的必然要求

城镇化的高速发展，使城市有了更加雄厚的资源，但各种压力和矛盾也随之水涨船高。城市人口激增，导致在衣、食、住、行、游的需求大涨，这些都需要厚实的资源支撑，而以工业、商业等行业为主的城市在储备和供应上存在着巨大的缺口，这就需要乡村来弥补。若没有乡村坚实的后盾与城市化的短板相对接，城镇化的发展将岌岌可危。

(三) 农村现代化发展的要求

国家的现代化不能独立而存在，无法脱离农村的现代化，只有乡村振兴了，才能实现农村的现代化，让乡间广大的百姓过上了幸福美满的好生活，才能更好地为国"效力"，加速我国现代化发展进程。

三、认识乡村振兴的战略特点

乡村振兴战略目标的制定是全党、全国人民的智慧结晶，是我国新时代发展的指明灯、引路者，是挖掘乡村潜力，发挥乡村优势，促进城乡融合的最佳途径，可以带领我国人民走向更好、更稳的繁荣富强之路。从历年来的发展上来看，我们可以总结出乡村振兴战略的三大特点，即全局性、长远性和全面性。

(一) 全局性

明确党在农村工作中的核心领导地位，始终让党总揽全局、协调各方，以党为中心将社会各界、乡村内部的各种力量汇聚起来，共同推动乡村的振兴。

(二) 长远性

将乡村振兴作为长远的发展目标，做出分三步走的详细规划。2020年，取得重要进展，制度框架和政策体系基本形成；到2035年，取得决定性进展，农业农村现代化基本实现；到2050年，实现全面振兴，将"三农"问题完美解决，让农业强、农村美、农民富。

（三）全面性

立足于从根本上改变乡村落后的局面，需要所有领域、所有部门协同发力，是一个非常艰巨的任务，也是全面、浩大的工程。

四、促进乡村产业的兴旺

乡村振兴必须依靠厚实的物质基础，而物质基础建设的关键在于产业的兴旺，我们要着力于打造一个绿色安全、优质高效的乡村产业体系，为农民稳固好创收来源。

（一）做强农业，提升农业竞争力

乡村田地广阔，要充分利用起来，变不利为有利，扬长避短，规避风险，因地制宜地发展农业，将农业做大、做强，形成农村独特的农业竞争力。农业发展的过程中既要重"量"也要重"质"，做到科学选种、绿色生产、高效经营，不断优化生产体系和结构，密切关注市场与其对接好，持续提高产品转化率，推动乡村产、供、销、管理模式一体化的建设，为农民稳固好创收来源。

（二）充分挖掘农业的功能

土地是一切能量的源泉，乡间广阔的土地让农业的效用变得丰富起来，它集经济、生态、社会和文化等功效为一体，是人类生存与发展的厚实基础，我们要充分挖掘农业的各项功能，促进农业的发展。在农业发展过程中要打造良好的生态环境，让人们生活得更加舒适；要突显出优秀农耕文明的精髓，点燃国人内心中勤劳、朴实、顽强、拼搏的火种，让社会更加和谐、美好；要着力打造美丽乡村，让乡村变成休闲观光的胜地，为乡村创收，为城市减压，丰富国民生活。

（三）激发农业产业活力，促进产业协调

农业产业的活力应从一定高度着手，打造一个完善的农业产业链体系，加强农产品在原料、加工、生产、销售等环节上的关联度，实现产、供、销、管理一体化，大力发挥农业的规模效应，让各类资源被有

效利用起来，发挥出无穷无尽的魅力。同时也要鼓励乡村发展加工业、制造业、建筑业、旅游业、交通、水电等行业的发展，促进农村第一、二、三产业的协调与融合发展。

（四）大力发展农业农村服务产业

农业农村服务产业，即农业服务和农村服务，是近年来逐渐兴起的两大产业，前景十分光明。农业服务产业主要涵盖了良种、农资、农技、培训、信息、流通、休闲、保险等方面的服务，为乡村农业产业的发展排忧解难；农村服务产业主要涵盖了农业再生产和农村经济社会发展等环节上的服务，为农民们的生活提供了极大的便利。所以我们要加大力度发展好农业农村服务产业，推动乡村的振兴。

第三节 乡村治理如何实施振兴战略

一、实施乡村振兴战略的关键

（一）合理配置城乡公共服务资源

大量数据表明，制约乡村产业体系振兴的首要原因是落后的基础设施，基础设施建设不好，乡村的发展将停滞不前，什么时候突破了这个难题，乡村的全面发展才能摆脱举步维艰的局面，加速往前进。

我们在日常的工作开展中要合理配置资源，优化城乡资源的布局模式，促进城乡公共服务资源的均衡分布，缩小城乡差距，提升乡村的公共服务水平和能力，带动乡村的活力，让乡村的发展赶上城镇化的速度，站在同等的高度和城市并驾齐驱。

1. 明确政府和市场的服务界限

在公共服务之中政府和市场的力量同等重要，两者需要有机地结合起来，共同推动各项资源的合理配置，优化城乡资源的布局内容和形式。全面、详细地列出各项公共服务项目明细，明确哪些该由政府把控，哪些该由市场负责，两者之间界限明确，各司其职，违规必究。设定公共服务监督部门，及时发现不标准、不规矩的公共服务项目和人员，督促他们快速地改进，促进公共服务的良性发展。

2．善于从市场与企业中汲取营养

注重引入多元化的服务方式，挖掘社会资本的潜力，发挥他们的特色优势；在公共服务之中可以采用竞争与合作的模式，取长补短，发挥优势，实现各个企业和政府双赢的局面，为公众提供更加优质的服务。

3．培育乡村发展的人才队伍

减少政府的财政压力，善于挖掘社会和乡村本身的力量，并合理利用，带动乡村的健康发展；不断培养专业化的农村领导干部，用实力说话，为乡村的发展干实事。

（二）丰富农村金融力量

乡村产业体系的振兴，需要雄厚、丰富的金融力量来作为支撑，激发各大经营主体的潜能和优势，促进乡村各行各业的迅猛发展，带动乡村的稳步前进，如果没有钱和政策的扶持，很多事情将寸步难行。

1．加大正规金融机构投放力度

大力扶持乡村特色产业、龙头企业、大型农村合作社的发展，放宽贷款限制，降低利息，让利于民；及时更新金融产品内容和形式，为农业产业提供专业化的优质金融服务。

2．鼓励有条件的农村合作社开展信用合作

农村的发展，最终还得依靠农民自己。挖掘本土的金融力量，组建农村自己的信用合作社，是非常有价值和意义的，能让乡村经济更具活力。

3．拓宽农业保险产品的供给

农业发展有其一定的局限性，需要有效地规避一些风险，用保险体系来兜底。

（三）持续走改革之路

改革是社会发展的强大动力，乡村的发展要坚定不移、持续地走在改革之路上，为乡村的振兴推波助澜。

其一，促进农村集体产权制度的改革，以期给乡村经营主体以激励，提升他们的工作热情，促进他们的高速发展；其二，优化农村土地的配置，创新利用形式，让既有土地创造出更多的价值；其三，明确宅基地、农民房屋的各项权能，让乡村财产为农民创造出更大的财富；其四，大力推动农业扶持制度和政策的改革，为农产品的发展创造有利条件，促进农副产业的健康、良性发展。

（四）突破人才和资金瓶颈

乡村振兴的实现关键在于乡村的有效治理和产业全面深化发展，而这两者的瓶颈在于人才和资金，只有突破了，才能早日实现乡村的伟大振兴。

其一，人才不足和缺陷的突破关键在于培育和运用，我们要合理分配人才，加大新型职业农民的培养，促进农业从事者的全面发展，养成终身学习的好习惯；其二，资金不足和缺陷的突破关键在于优化运用，我们要善于挖掘社会各界和乡村本土的资产力量，再辅助政府的补贴，让乡村的经济活起来。

二、乡村振兴战略路径——"五个振兴"

乡村的振兴是一个非常浩大的工程，需要统筹规划，详细布局，科学合理推进。乡村振兴的实施应是全面、系统的，让乡村的产业、人才、文化、生态、组织同步振兴，坚定不移地走五位一体的路径，促进乡村实质上的进步。

（1）产业振兴。形成可持续的绿色、安全、高效的乡村产业体系，保证农民的收益。

（2）人才振兴。构建乡村发展的动力源泉，让人才不断往乡村流动，深深扎根于乡村。

（3）文化振兴。为乡村的发展提供精神动力，让乡村由内而外发展，更加全面、恒久。

（4）生态振兴。人与自然应当和谐共生，构建良好的生态环境，让人类生活更舒适。

（5）组织振兴。不断创新乡村治理机制，培育一批又一批卓越的基层党组织领导、干部。

三、乡村振兴战略实行关键在村"两委"

乡村振兴是以农村为出发点的，一切规划最终都要在农村落实，而村支部和村委会是推进实行的关键所在，我们要不断激发村"两委"班子的潜能和优势，让他们在乡村振兴之中释放出应有的能量。

村"两委"班子们在工作中要以实现乡村"产业兴旺、生态宜居、乡风文明、治理有效、生活富裕"为工作重点和目标，不断学习、不断进步，努力提高自己的综合素质，为村民们做好各项服务，成为人民的好"公仆"。

（一）加速乡村文明建设，促进治理效用

时代发展得愈加快速，诱惑也就越多，人和人的关系也变得复杂起来，乡村中因为各种利益纷争也是矛盾重重，邻里间不再和睦，违法犯罪现象频出，若不及时推进乡村文明的建设，发扬中华民族的优良传统，用"德"引人向善，后果将不堪设想。

村"两委"班子们要努力维系好乡村邻里间的和睦关系，带领村民们学习、践行中华民族优秀的"德"文明，让大家的言行举止能够合规、合法、积极、主动、自觉地参与到乡村治理中来。

（二）积极响应中央号召，改革农村集体产权制度

农村集体产权能否良好运用直接关系着乡村经济发展和农民集体经济收益的高低。产权制度改革是必然的，这也是党中央在实践过程中所得出的结论。村"两委"班子们要积极响应党中央的号召，促进乡村集体产权的制度改革，为乡村的发展寻找到更加合适的道路，充分调动资源力量，合理配置产权，为百姓们创造更多财富收益。

（三）大力扶持农村专业合作社

乡村的发展最重要的是唤醒村民们的意识，让村民们有致富的想法和意愿，这样才能从行动上去实践。而以家庭承包经营为基础，具有经济互助性的农村专业合作社就是一个很好的用来激发村民们求富意识的途径。村"两委"班子在其中的重要性不言而喻，他们大力扶持农村合作社的发展，可以在其中起引导作用，有效配置乡村资源；也可以深入调动村民们的积极性，集合村民们的智慧力量再加上自己的专业特长，共同促进合作社的规范、系统化发展。

四、在乡村治理体系加入"三治"

只有创新才能永葆生命力，紧跟时代的洪流，不被淘汰。在乡村治理体系中加入"三治（自治、德治、法治）"，用"三合一"的新理念来实现乡村治理体系的完善和创新，让乡村发展更加全面而深入，带领乡间百姓们创造更加美好、明媚的未来。

第四节　乡村振兴战略问题探讨

乡村振兴战略自提出来后就一直牵动着全国人民的心，引发了无数专家学者、普通民众一波又一波激励的讨论。

一、乡村振兴战略与社会主义新农村建设

社会主义新农村建设指示我们要在始终坚持社会主义制度的前提下，依据当今时代的新要求，在农村进行经济、政治、文化、社会等方面的建设，让乡村的经济更加繁荣、基础设施不断完善、环境变得更加优美、社会更加文明和谐。

乡村振兴的发展战略为我国乡村的发展指明了道路，成功地吸引了社会各界人士的目光，各种力量齐聚乡村一起为了乡村的振兴而努力，努力缩小乡村与城市的差距，促进城乡资源的合理公平分配，让乡村更

加美好，让农村人民过上更加富裕、和谐的生活。

国内不少专家学者认为乡村振兴战略是高阶版的社会主义新农村建设，在内涵和外延上有着更加丰富的内容和更加确切的要求，也更加倾向于将城乡完美融合起来，促进城乡一体化进程的高速发展。

二、乡村振兴战略与城镇化

社会主义新农村的建设刚刚提上日程时，就有一部分人说这是一项很矛盾的决策，与城镇化的推进相悖。但新农村的建设到如今的乡村振兴和城镇化并没有冲突，城市和乡村两者的关系反而是协同的，相依相偎，互相促进，共同成长。

我国城镇化率一直在增长，发展速度也越来越快、越来越好，2000 年为 36％，2005 年为 43％，2010 年为 47.5％，2022 年为 65.2％，预计到 2050 年我国城市化率将会有 70％以上。在城镇化发展的同时，我国乡村也在加速振兴着，城镇化的高度发展给乡村带来了反哺，为乡村提供了强有力的能量支撑；而乡村的振兴又为城镇化提供了坚实的粮食等物质基础，解决城市发展的后顾之忧，两者相互扶持、互相促进，为我国的繁荣昌盛锦上添花。

三、乡村振兴战略与乡村变迁

随着我国城镇化速度的不断加快，乡村的变迁速度也有了显著提高，据有关调查显示，近几年乡村数量锐减，每年都有上千个乡村成功脱贫，向城市靠拢，乡村的发展已经形成了燎原之势。

我们在乡村振兴战略的实现环节中，要注重各个乡村的特色，有针对性的发展，尽量趋利避害、扬长避短，利用好乡村的优势资源，让乡村发生全面、深化、精细的变化，促进城乡融合的进程。

其一，距离城市较近的郊区，可以归并到城市范围当中，进行大规模的改造，优化村民生活环境，缓解城市压力；其二，自然条件落后的村庄可以并拢规整，形成集聚效应，共享资源，减少各项资源的浪费，共建美好家园；其三，自然、人文条件都比较优越的村庄，具有强大的可塑性，可以合理投资，加大招商引资的力度，不断完善基础设施建设，大力改善生活条件，形成特色化的乡村旅游胜地、度假村、文化村等。

第五章　以乡村振兴战略为统揽
持续提升脱贫攻坚成效

第一节　实施乡村振兴战略，确立脱贫攻坚新目标

实施乡村振兴战略，为贫困农村脱贫致富提供了新机遇。我们要抓住农村脱贫致富的新契机，强规划、促整治、兴产业、育乡风、抓党建，全面实现脱贫致富的目标。

一、乡村振兴战略给脱贫攻坚提出了新要求

脱贫攻坚和乡村振兴战略都是以"两个一百年"奋斗目标为目标导向，脱贫攻坚是立足于实现第一个百年奋斗目标而确定的重大战略，乡村振兴战略是着眼于第二个百年奋斗目标而确定的重大部署，两者相辅相成、相互支撑、相互促进。只有如期实现现行标准下的农村贫困人口全部脱贫，才能实现全面建成小康社会的目标。只有包括贫困乡村在内的全国农村共同实现了乡村振兴，才能实现到 2035 年基本实现社会主义现代化、到 21 世纪中叶把我国建成富强民主文明和谐美丽的社会主义现代化强国的目标。从这个意义上说，脱贫攻坚的目标在新形势下又有了新的内涵：一方面，脱贫攻坚的首要任务、短期目标是确保贫困人口实现脱贫；另一方面，脱贫攻坚的长远目标是要实现乡村的全面振兴，在贫困乡村摘帽的基础上实现乡村"产业兴旺、生态宜居、乡风文明、治理有效、生活富裕"的总要求。因此，抓好当前的脱贫攻坚工作，一定要将短期目标与长远目标结合起来，在主要抓贫困户收入提高、生活小康的同时，还要认真谋划、实施"产业、生态、治理、乡风

文明"等方面的工作，开启乡村振兴的新征程，朝着乡村振兴目标不断前进。

二、乡村振兴战略给脱贫攻坚提出了新任务

打好脱贫攻坚战是实现全面小康的底线，是实施乡村振兴战略的基础，是各级组织和广大干部必须要完成的政治任务。中央和各级党委对脱贫攻坚的重视程度已经到了无以复加的地步，对于贫困人口与贫困地区来说，脱贫攻坚已经到了退无可退的地步。贫困地区干部群众要适应脱贫攻坚的新形势新任务，提升精准度完善脱贫计划，促进脱贫攻坚更加精准、精细、精确；抓住重点破解突出问题，大力开展扶贫与脱贫的精准化；加强协作用好帮扶资源，发挥好帮扶资源在脱贫中的积极作用；落实责任强化工作保障，推动各个任务按质量标准和时序要求落到实处。"小康不小康，关键看老乡。"老乡不富，小康难全。贫困地区各级党委、政府和广大干部要再接再厉、开拓进取，求真务实、真抓实干，切实抓好精准扶贫、精准脱贫工作，凝心聚力打好脱贫攻坚战。在脱贫的基础上，优化农村人居环境，让农村生态美起来、环境靓起来。在打好脱贫攻坚战的过程中，加强和创新乡村治理，坚持自治、法治、德治相结合，完善乡村治理体系，培育和塑造文明乡风，让农村社会崇尚新风、充满活力、和谐有序。以改革激发农村发展动力活力，按照"扩面、提速、集成"的要求，以完善产权制度和要素配置市场化为重点，巩固和完善农村基本经营制度，发展适度规模经营，盘活农村资源资产，进一步激发广大农民的积极性和创造性。

第二节 实施乡村振兴战略，高质量打好脱贫攻坚战

贫困地区在精准扶贫、精准脱贫过程中，打好脱贫攻坚战，是全面建成小康社会的基本要求，也是实施乡村振兴战略的抓手。

一、产业兴旺是打好脱贫攻坚战的前提基础

产业兴旺是脱贫攻坚和乡村振兴的基础，是解决农村问题的关键。一是在产业融合发展过程中提升农业生产功能，实现生产、生活、生态功能的全面拓展。二是在深化农业供给侧结构性改革过程中，加快构建现代农业产业体系、生产体系、经营体系，提高供给体系质量和效益。三是在构建城乡融合体制机制和政策创新中，促进要素自由流动和高效配置，加快新技术、新业态、新模式发展。

二、生态宜居是打好脱贫攻坚战的客观要求

生态宜居是乡村振兴的战略任务，是建设现代农村的必要条件，是脱贫攻坚的目标追求。一是在乡村生态文明建设中，建设美丽农村，实现生态宜居。二是在加强农村资源环境保护过程中，构建节约资源和保护环境的空间格局、产业结构、生产方式和生活方式。三是在人与自然和谐共生的农业农村现代化建设中，提升广大农民群众生产生活环境。

三、乡风文明是打好脱贫攻坚战的必要条件

乡村文明是乡村振兴的"灵魂"，是脱贫攻坚的重要推动力量和软件基础。一是在推动农村文化教育、医疗卫生等事业发展中，促进农村社会的全面进步。二是在推动农村移风易俗中，促进农村文明程度进一步提高。三是在弘扬中华优良传统中，丰富和发展农村群众的精神文化生活，进一步提升农民综合素质。

四、治理有效是打好脱贫攻坚战的根本保证

治理有效是乡村发展的基础，着力推进乡村治理，确保农村和谐稳定，实现高质量脱贫。一是在健全农村自治、法治、德治相结合的乡村治理体系过程中，实现有效治理。二是在实施自治、德治、法治"三治并举"过程中，实现乡村自治运行更加高效、法治建设落地生根、道德

建设融入百姓生活。三是在自治、德治、法治的有机结合中，实现乡村更加和谐、安定有序，人民群众的获得感、幸福感、安全感更加充实、更有保障、更可持续。

五、生活富裕是打好脱贫攻坚战的必然要求

生活富裕是乡村振兴的根本，是实现脱贫攻坚任务目标和共同富裕的必然要求。一是在千方百计增加农民收入的过程中，保持农民有持续稳定的收入来源。二是在加快补齐农村基础设施短板的过程中，为人民群众提供更加便利的生活。三是在提高农村公共服务水平中，全面提升农民生活质量，满足广大农民群众对美好生活的新期待。

第三节 实施乡村振兴战略，增添脱贫攻坚新动能

实施乡村振兴战略为我国农村的长期发展指明方向，为贫困地区农村发展增添新动能，不论是从国家的政策，还是资金上都为脱贫攻坚工作提供了有力保障。

一、实施乡村振兴战略，拓宽脱贫攻坚新手段

对于将要脱贫和刚刚脱贫的乡村而言，基础设施和公共服务仍有较大缺口，产业发展的基础仍然不够牢固，乡村治理体系和治理能力还比较弱，特别需要通过实施乡村振兴战略，补牢产业发展基础、改善基本公共服务、提高治理能力，巩固和扩大脱贫成果。因此，实施乡村振兴战略，是近几年内打好脱贫攻坚战的核心手段。为实施好乡村振兴战略，贫困地区各级党委和政府必然将出台具体的实施意见和措施。比如，围绕打好脱贫攻坚战，全面振兴乡村，加快推进农村土地制度改革，对农村承包地进行确权登记颁证，完善承包地"三权分置"制度，实行农村集体产权制度改革，盘活农村集体资产，多种途径发展壮大集体经济。同时，乡村振兴战略将推动城市资本、技术、人才往乡村流动

的进程，"人""地""钱"等关键要素将加快流向贫困乡村。这些利好措施都将极大地激发贫困农民、贫困乡村脱贫致富的内生动力、外在活力，为脱贫攻坚提供新的动能。

二、实施乡村振兴战略，拓展脱贫攻坚新功能

在脱贫攻坚过程中，要立足农村实际，以扶贫脱贫为起点，以产业兴旺为重点、生态宜居为关键、乡风文明为保障、治理有效为基础、生活富裕为根本，推动乡村振兴战略顺利实施。深化农业供给侧结构性改革，加快推进农业由增产导向转向提质导向，培育壮大特色优势产业，提升农产品质量和效益，拓展农业的多种功能，推动产业产品结构进一步优化。大力推进城乡融合发展，创新城乡融合体制机制，提高基本公共服务均等化水平，加快发展县域经济，完善城乡要素合理流动和平等交换机制，形成工农互促、城乡互补、全面融合、共同繁荣的新型工农城乡关系。

三、实施乡村振兴战略，实现脱贫攻坚新突破

坚持把"三农"工作摆在重中之重位置，树牢农业农村优先发展思想，各项政策向农业倾斜，工作精力向农村聚焦，使改革成果更多惠及农民。要准确把握"三农"和扶贫工作取得的成绩与阶段性特征，把实施乡村振兴战略作为新时代"三农"工作的总抓手，把脱贫攻坚放在奋斗目标、全党使命的高度，聚焦深度贫困地区，对标"两不愁三保障"目标，以产业扶贫为突破口，以"敢死拼命"的勇气和决心打赢脱贫攻坚遭遇战、歼灭战。要做好"独一份""特中特""好中优""错峰头"文章，推动特色农业发展尽快迈上现代化轨道。要以落实乡村振兴战略为契机，提升脱贫产业的质量，加快培育和引进一批带动力强的农业龙头企业，推动农民专业合作社实现全覆盖，下大力气提高农业生产经营组织化程度。要解决好农村水、路和环境综合治理等关键问题，力争农村基础设施建设取得突破。要健全并善用村民自治机制，不断创新完善

乡村治理体系。

第四节　实施乡村振兴战略，增强脱贫攻坚的成效

实施乡村振兴战略，能够从经济、政治、文化、社会、生态多方面全方位补齐贫困农村脱贫攻坚的短板，巩固提升脱贫攻坚取得的成果，激发乡村发展的内生动力，实现脱贫攻坚向纵深发展。

一、实施乡村振兴战略，取得脱贫攻坚新成果

返贫问题是一个国家在实施反贫困战略过程中出现的一种经济社会现象。从世界各国反贫困的实践来看，返贫是一个世界性的难题。在我国，"脱贫又返贫"主要表现为因灾返贫、因病返贫、因学返贫、因老返贫、因市场风险返贫几种情形。乡村振兴战略为巩固脱贫攻坚的成果提供了相应的保障措施。在 2020 年之前，对于已经实现脱贫的贫困县、贫困村、贫困户，仍然可以继续享受现有的国家政策；对年老体弱、就业能力相对较弱的脱贫对象，政府进行托底安置；等等。然而，这些政策措施只能是短期内对于巩固脱贫攻坚的成果起到保障作用，从建立稳定脱贫的长效机制视角而言，乡村振兴战略则为贫困乡村、贫困户持久脱贫提供了长期保障。根据乡村振兴战略的总要求，我们需要加大对贫困乡村的道路、水利、教育、卫生等基础设施建设，加快生态建设和资源保护；需要发展特色产业，稳定增加贫困户收入；需要完善农村社会保障体系，解决贫困群众的后顾之忧；等等。这些工作将为巩固脱贫攻坚的成果提供新保障。

二、实施乡村振兴战略，推动脱贫攻坚取得质的飞跃

以乡村振兴战略为统揽，打好精准脱贫攻坚战，各级党委、政府要以时不我待的紧迫感和只争朝夕的责任感，保持战斗姿态、拼上身家性命，向贫困发起背水一战的"总攻"，切实做到认识到位、情况清楚、

问题找准、措施具体、组织保证、资金支撑、作风扎实，向着脱贫攻坚重点聚焦发力，重点攻克深度贫困县（区）和深度贫困群众。群体攻坚要紧盯老弱病残等特定贫困人口，整合使用资金资源，集中精力打攻坚战。坚持因村因户因人精准施策，在精准识别、动态管理的基础上，突出到村到户到人，强化产业和就业扶持，做细保障性扶贫措施，加强基础设施建设，保证政策措施精准落地、见到成效。激发贫困群众内生动力，把扶贫同扶志、扶智结合起来，强化正向激励，打破贫富均衡，调动贫困群众脱贫致富的积极性。切实提高脱贫质量，坚持现行标准，坚持实事求是，坚持严格考核，既要注重减贫进度，也要增强脱贫实效，真正增加贫困群众获得感。

三、实施乡村振兴战略，保障脱贫攻坚长效机制

乡村振兴是把乡村作为一个整体来对待，要求充分发挥乡村的主动性，改变过去乡村从属于城市的现实，建立一种全新的城乡关系。乡村振兴明确了乡村发展的新任务，即"产业兴旺、生态宜居、乡风文明、治理有效、生活富裕"的乡村发展总体要求，特别是通过实施乡村振兴战略，将使工业现代化和农业现代化同步推进，让城镇化发展和村镇化发展更加协调，促使农村跟城市一样美好，推动城乡同步迈向现代化，这是脱贫攻坚成果最稳固的保障。加强乡村振兴骨干力量建设，促进党政、科技等多方面人才向农村基层一线流动，发挥农民在乡村振兴、贫困人口在脱贫攻坚中的主体作用，建强基层党组织，支持返乡农民创新创业，打造一支牢固的乡村振兴队伍。强化多元化投入保障，积极争取中央财政支持，发挥好财政资金"四两拨千斤"的作用，撬动更多金融资本和社会资本投向"三农"和扶贫开发。坚持不懈抓好作风建设，深化"三纠三促"等专项行动，重点治理责任落实不力和盲目决策、弄虚作假、虚假摘帽等问题，加强扶贫资金和涉农资金监管，同时大兴调查研究之风，以作风的提振推动乡村振兴和脱贫攻坚步伐的加快。

第五节　实施乡村振兴战略，有效完成脱贫攻坚任务

全力推进实施乡村振兴战略，着力谋划农业农村发展，持续提升乡村产业发展水平，全面推进农村人居环境整治，切实抓好"三农"工作，为高质量完成脱贫攻坚任务打下坚实基础。

一、坚持党对乡村全面发展的领导

实施乡村振兴战略必须坚持党的领导，党的领导是乡村全面发展的关键。一是要健全党委统一领导、政府负责、党委农村工作部门统筹协调的农村工作领导体制。二是明确党政一把手是第一责任人，县委书记当好乡村振兴"一线总指挥"，形成五级书记抓乡村振兴、推动乡村全面发展的格局。三是突出党委在农业、国土、水利等部门的协调作用，发挥党委在农村工作部门的统筹协调功能。四是选优配强农村专业型的干部队伍，培养造就一支懂农业、爱农村、爱农民的"三农"工作队伍，特别是选优配强懂农业、爱农村、爱农民的党政一把手。五是建立市县党政领导班子和领导干部推进乡村振兴战略的实绩考核制度，将考核结果作为选拔任用领导干部的重要依据。

二、坚持农业农村优先发展

实施乡村振兴战略，必须突出农业农村优先发展原则。坚持农业农村优先发展原则，是进一步推动乡村全面发展的前提。一是各级党委和政府在坚持工业农业一起抓、城市农村一起抓的基础上，把农业农村优先发展的要求落到实处，在干部配备上优先考虑，在要素配置上优先满足，在公共财政投入上优先保障，在公共服务上优先安排。二是从乡村发展的内因和外因以及城市乡村共同发力的视角，探索促进资本、技术、人才等要素向农业农村流动的有效政策措施。三是把大力发展农村生产力放在首位，做大做强高效绿色种养殖业、农产品加工流通业、休闲农业和乡村旅游业、乡村服务业、乡土特色产业、乡村信息产业，培

育农业农村发展新动能，提高农业质量效益竞争力，增强农民就业增收能力。

三、推进农村体制机制创新，促进农村产业融合发展

实施乡村振兴战略，要不断深化农村体制机制创新。深化农村体制机制创新是推动乡村全面发展的动力。一是完善产权制度和要素市场化配置，激活主体、激活要素、激活市场，着力增强改革的系统性、整体性、协同性。二是落实农村土地承包关系稳定并长久不变政策，完善承包地"三权分置"制度。三是完善农民闲置宅基地和闲置农房政策，深入推进农村集体产权制度改革，深化农产品收储制度和价格形成机制改革。四是推进农业农村大数据发展，深化大数据在农业生产、经营、管理和服务等方面的创新应用。五是强化龙头企业、家庭农场、农民合作组织等主体带动，构建类型多元、活力迸发的融合主体。六是建设产业融合公共服务平台，创新产业融合服务方式，提升服务产业融合发展水平。

四、创新乡村治理体系

实施乡村振兴战略，客观上要求创新乡村治理体系。创新乡村治理体系是推动乡村全面发展的重要条件。一是建立健全党委领导、政府负责、社会协同、公众参与、法治保障的现代乡村社会治理体制，健全自治、法治、德治相结合的乡村治理体系。二是加强农村基层基础工作，加强农村基层党组织建设。将年轻、有奉献意识、有责任感、讲党性、有组织原则的农村能人吸引到党组织中来，让其肩负振兴农村经济社会发展的使命。三是深化村民自治实践，严肃查处侵犯农民利益的"微腐败"，铲除一切社会不法势力及邪恶组织在农村的藏身之地，建设平安乡村，确保农村社会治安出现根本性好转，促进乡村社会充满活力、和谐有序。四是引导村民制定完善乡规民约，推进移风易俗，加强农村家庭文明建设，广泛开展诚信教育、孝敬教育、勤劳节俭教育，激发农民荣誉感上进心，引导农民群众向上向善。

第六章 乡村振兴战略背景下
农村教育发展研究

第一节 乡村振兴战略的基本内涵与农村教育的发展任务

一、乡村振兴战略的基本内涵及与教育的关联

农业农村农民问题是关系国计民生的根本性问题，必须始终把解决好"三农"问题作为全党工作重中之重，乡村振兴战略以"产业兴旺、生态宜居、乡风文明、治理有效、生活富裕"为总要求，其根本目标是实现产业振兴、人才振兴、文化振兴、生态振兴、组织振兴等乡村全面振兴，以推动农业全面升级、农村全面进步、农民全面发展。实施乡村振兴战略，是决胜全面建成小康社会、全面建设社会主义现代化国家的重大历史任务，是解决人民日益增长的美好生活需要和不平衡不充分的发展之间矛盾的必然要求。"乡村要振兴，人才是关键。"由此，最为根本的因素在于人及人的现代化，即以现代化农民为主体，能够适应、融入、推动现代乡村建设与发展的融合型社会群体所蕴藏的强大乡村人力资本，这就是根本性的战略力量。而人才培养主要依赖于教育，教育作用于人。故而，教育与乡村振兴紧密相关，是夯实乡村振兴的基石。

二、农村教育发展在乡村振兴中的功能定位与价值取向

教育是培养人的活动，并通过育人功能的发挥来促成社会发展。因此，农村教育发展的基本任务在于通过人才培养，促成人才振兴，进而

促成乡村振兴。因此，农村教育的发展对实现农村全面发展有着重要意义，是实现乡村振兴的战略基础，要扎实有效推进实施乡村振兴，要优先发展乡村教育事业。

（一）农村教育发展要推动乡村产业兴旺和经济振兴

乡村教育发展的直接任务是为乡村积累人力资本。人力资本是指劳动者身上所体现出来的资本，如劳动者的知识技能、文化技术水平和健康状况等。教育可以提高劳动者的质量、工作能力和技术水平，从而提高劳动生产率。由此，治贫先治愚，扶贫必扶智。由于农村地区很大一部分农民的思想比较落后，外界信息接受能力弱，妨碍着农民及其子女整体素质的提高。发展农村教育，可以使农村人掌握一定的知识，获得生产经验和劳动技能，把可能劳动力转化成现实的劳动力。农村教育的发展就是乡村振兴的一种资本，可以为当地乡村建设培养应用型人才，因地制宜地拉动当地特色产业兴旺，促进乡村农民就业，拓宽增收渠道，带动人力资本增值，从而推动乡村经济的发展与繁荣，最终实现乡村振兴的根本——生活富裕。由此，农村教育的发展意蕴着拉动乡村产业兴旺、促进乡村经济发展、实现乡村生活富裕的价值功能，是乡村经济振兴的力量源泉。

（二）农村教育发展要促成乡村生态宜居和人与自然共生

乡村振兴，生态宜居是关键。良好生态环境是农村最大优势和宝贵财富。必须尊重自然、顺应自然、保护自然，推动乡村自然资本加快增值，实现百姓富、生态美的统一。然而，当前依然有很多乡村农民没有意识到生态平衡的重要性。农业生产过程中过于追求经济效益，对生态环境表现出无知和漠视的态度，例如塑料袋、农药、除草剂等使用不当，使生态遭到人为破坏等。产生这些问题的症结在于对生态平衡缺乏认识，没有树立生态思维、没有植入生态理念。农村教育的发展，能够普及人们的科普知识，帮助科学定位宜居生态环境的重要价值，植入生态理念，使环保知识深入农心，进而实现乡村绿色发展，创造人与自然和谐共生的新局面。故而，农村教育的发展蕴藏着推进乡村生态宜居的功能，是乡村生态宜居的助推器。

（三）农村教育发展要繁荣乡村文化和乡风文明新气象

文化是一个国家、一个民族的灵魂。乡村振兴，乡风文明是保障。实施乡村振兴战略必须坚持物质文明和精神文明一起抓，提升农民精神风貌，培育文明乡风、良好家风、淳朴民风，不断提高乡村社会文明程度。因此，乡村振兴必须要考虑文化的视角，而不能仅仅着眼于经济的视角，乡村文化是乡村振兴的软实力。就任务的视角而言，乡村文化振兴主要包括兴教育、续文脉、集器物、修志书、承技艺和革旧弊六个方面的内容。而教育本质上就具有文化传承、融合、选择、创新等功能。因此，农村教育在振兴乡村文化方面扮演着重要角色，对完成上述六项文化振兴任务发挥着重要作用。主要表现在通过农村教育，能够选择乡村有价值的文化并将乡村优秀的文化传统传承下去。同时，农村教育也能提升强化农民的社会责任意识、规则意识、集体意识、主人翁意识，能引导乡村农民改变大操大办、厚葬薄养、人情攀比、沉迷赌博等陈规陋习，帮助抵制封建迷信活动，能丰富农民群众的精神文化生活。由此可见，农村教育的发展能引导乡村文化积极向上，使农村焕发出乡风文明的新气象。农村教育的发展成为乡村文化振兴的重要载体和依托。

（四）农村教育发展助力乡村治理体系和治理能力现代化

乡村振兴，治理有效是基础。故而必须把夯实基层基础作为固本之策，建立健全党委领导、政府负责、社会协同、公众参与、法治保障的现代乡村社会治理体制，坚持自治、法治、德治相结合，确保乡村社会充满活力、和谐有序。而教育除了具有经济功能、文化功能、生态功能以外，还天然带有政治的功能。教育的政治功能主要表现在：教育能为政治培养所需要的人才，经过培养人才来作用于政治；教育还可以促进政治民主，一个国家的政治是否民主，这由国家的政体来决定，但与人民的文化水平，教育事业的发展程度也有关系；教育还能为政治的稳定和变革制造一定的舆论等。由此，农村教育的发展必然对乡村社会治理产生巨大影响。例如农村教育可以从法治、德治等方面入手，加强对学生、农民依法治理，以德治理的教育，树立依法治理理念，提升乡村德治水平，从而建设平安乡村，实现乡村有效治理，最终通过教育引导，实现乡村治理的"共建共享"。

第二节　乡村振兴战略背景下农村教育发展的政策建议

在乡村振兴大背景下，乡村教育发展应总体上实行"高校服务乡村人才振兴，上级政府保障以教安民，下级政府负责政教协同"的政策方针，盘活社会资本助学，提高农村教育整体服务质量，助推乡村振兴与发展。

一、高校积极推动"高校下乡"扶持乡村产业发展，逐步建立中高等职业院校及师范院校支持乡镇发展的机制和体制，促成乡村产业振兴

在乡村振兴战略背景下，各个职业院校和师范院校应主动"下乡"、联结与协同各个乡村，促成高校与乡村联结和联合发展，培养向"农"学生，培养乡村教师，培训农村劳动力，促进农村产业发展。

（一）高校积极开设农村特色优势专业，并建立各类职业院校与乡镇产教融合机制

在专业设置方面开设指向"农"的职业技术专业，着眼于农村特色优势产业发展，进一步加强生物制药、文化创意以及草食畜牧业、农林规模化种植等领域的职业教育学科建设。

（二）加大农业专业人才培养的政策扶持，在师资建设上要增加"农"的比例

例如，招聘农业相关专业的教师进行教学，对在职教师进行定期培

训，开展多元化的评价制度，保证教师的教学质量；在学生实习实践上要有"农"的平台，鼓励学生走进农村进行实习实践，培养高级的农业技术人才，反哺乡村振兴发展，助力产业兴旺发达。力求"培养一个学生，脱贫一个家庭，振兴一方乡村"。

（三）高等院校开办"农民培训班"等分期培训和系列"新型职业农民"培养工程

加强对农民的培训，开发职业技术教育培训体系，开展常态化的知识技术升级和综合技能提升专项培训。加强对农村劳动力培训教育，提高农村劳动力的劳动技能与素质，从而达到"培养一个人、脱贫一个家、带动一个村"的发展目标。针对当前职业教育培训质量不高、培训机会不多的困难与问题，应该加快发展现代职业教育，政府引导各个区域职业学校对接各个农村劳动力培训，根据各个农村产业发展的特点，进行针对性培训，能够全面提升农民的生产力和市场竞争力，使其成为名副其实的乡村精英或新型职业农民。支持和鼓励培训专家要走进农村、走进现场实实在在地指导农村产业建设，从而促进乡村产业兴旺发达。同时，职业院校还应加强与各类农业合作组织、涉农企业、农民协会的协作，形成政府主导、社会参与的职业教育新格局。还要充分发挥技术服务和创新、传播先进文化等重要社会作用，在发展过程中给农民树立新的发展理念和鼓舞农民的信心。

二、职业学校加强农村"新型职业农民"教育，建立农村职业教育效果评价标准体系，促成乡村人才振兴

促成乡村人才振兴的主战场在"农村职业教育"。民族地区职业教育服务新型乡村振兴发展是时代的需求，但要明确民族地区与我国大中城市的巨大差异，不可"照葫芦画瓢"。目前职业教育突出问题是人口外流、城镇"空心化"，因此，民族地区应加强宣传和政策引导，为留住人才创设各种有利条件，大力开展创新创业教育，为毕业生创造就业和创业机会。职业院校要根据当地新型城镇化发展的需求，培养不同层

次、不同类型的技能型人才，促进社会产业结构的转型升级。

（一）建议快速增加农村职业教育经费投入，稳步落实基础教育投入

生活富裕是乡村振兴的重要目标。农民生活富裕主要体现为农民增收，掌握技术和受教育，消除贫困。其中，提高农民收入是最为紧迫和实惠的目标。就教育而言，在学前教育、特殊教育、基础教育、职业教育等类型的农村教育之中，职业教育投入和产出周期是最短，也是最为有效的办法。从提高农民收入角度来讲，职业教育投入能够有效和快速地提升新时代农民的农业产业生产技能，能够在较短时间"产生效益"。因此，有必要快速增加农村职业教育投入力度。再则对于基础教育及其他类型教育而言，虽然在较短时间内无法提高农民工资收入，但是基础教育是保障农民增收，预防贫困户返贫和彻底消除贫困的重要手段。因此，首先保障教育经费稳定投入和落实，不被"挪用"和出现"欠教育债"的现象，逐渐增加对基础教育的经费投入，显得非常重要。

（二）建立"新型农民"职业教育效果评价指标体系和强化督导委员会职能

建立"新型农民"职业教育效果评价体系的具体做法是成立"农村行业委员会"，有效评价和督导"农民培训"各项发展标准。时下，各类关于提升农民职业技能的培训层出不穷，形式多样，但是"有数量，无质量；有形式，无内容"，主要原因在于评价体系和监督体系的缺乏。从培训数量上来讲，近年来我国确实做了很多工作，但是从质量和效果来看并不理想。这与"新型农民"培训与职业学校联结不密切，未充分利用智库资源和高级人才服务农村有关。也就是说，虽然开展了很多关于农村、农业方面的培训，但是内容老旧，质量不高。因此，建议建立"新型农民"职业教育效果评价体系，实行谁负责培训，就由谁负责落实；谁负责培训，谁就负责产生效益的工作机制。但是评价体系需要建立在第三方基础上，可以通过产业兴旺和农民增收的情况来说话。培

训有没有效果，关键就看农民是否增收。此外，就是建立农村职业教育培训监督体系。这个也可以考虑通过"督学制度"的责任增补，即增加"国家督学"和"地方督学"监督职业教育和基础教育服务农村建设的水平和效果，将办学过程中的"服务乡村"作为重要监督内容与考核指标。

三、教育主管部门探索出台"乡贤助学"等社会支持乡村办学制度

充分利用农村学校教育传承乡村文明，促成乡村文化振兴。农村教育在乡村乡风文明建设过程中有着不可替代的作用。要让农村教育更好地促成乡村乡风文明建设，应做到以下几点。

(一) 充分利用乡贤力量，通过乡贤的助学、办学的榜样作用，带动乡村乡风文明建设，促进乡村学校振兴

乡贤在乡村乡风文明建设中的作用是巨大的，其中最明显的就是榜样作用。利用乡贤的助学、办学榜样带动更多的人参与到乡村教育的建设中来，带动更多的人参与到慈善办学中来，进而形成农村人人参与农村教育建设的良好风气。

(二) 依据乡村特有资源，开发农村特色课程，传承乡村文明

实际上，每个乡村或多或少都存在一些较有特色的、优秀的传统文化资源，如名家名人、善人善事等，此类资源如利用得当，会对学生有一个很好的正向引导作用、激励作用。但是，这必须是有组织有计划地对学生进行教育影响，进而发挥教育引领作用。为此，开发农村特色课程对学生进行授课是最为恰当的选择。

(三) 政府要全方位加大对乡村教育的文化资本投入，从教育方面做好乡村文化振兴顶层设计

从资金上、人才上、设备上全方位支持乡村教育，减少或消除乡村教育与城区教育、城市教育的差距，保障农村学校的师资高质，设备精

良，让乡村教育成为教师向往的职业，让乡村学校成为学生学习所向往的地方，让厌学式的辍学成为"过去式"，让乡村学校教师"外流"变为教师"回流"，此外，要加大民族教育当中的文化传承与创新专项经费支持力度，丰富民族教育活动的内容、形式与渠道，切实使民族文化覆盖乡间、学校、家庭、社区甚至走进邻里相传的民心，使民族教育办出特色；增强乡村居民的自足认同、自信心和荣誉感，共同维护地位稳定、和谐和创造繁荣。

（四）加大乡村文明建设的教育宣传

教育宣传的作用在乡村乡风文明建设中也是不可或缺的。要达到移风易俗是一件不简单的事情，也不是一时就可以达到并完成的事情，为此，要进行乡村文明建设的教育宣传，让乡村文明建设入心、入脑、入血。长久如此，良好的村风文明建设自然水到渠成。

四、农村学校积极完善农村生态教育和教育生态，推动"以教安民"长效机制形成，促成乡村生态振兴

（一）完善农村学前教育公共服务体系，为农民回乡做好教育保障

实现生态宜居，应着力在"宜"字上做文章、下功夫。在学前教育方面，关键是要提供令农村群众满意的、较为完善的学前教育公共服务。一方面，是要提高农村学前教育的承载力，尽可能地满足农村学龄前儿童的入园需求，实现幼有所育。这就要求政府必须立足本地实际，通过新建、扩建和闲置校舍改建，逐步增加公办幼儿园的数量，扩大公办幼儿园规模，增加公办幼儿园学位。另一方面，也要积极扶持农村民办幼儿园的发展，为其提供更多的特殊政策及优惠措施，鼓励民办普惠性幼儿园大力发展，多途径解决学前教育学位供给不足问题。

除此之外，要建立一支与农村学前教育实际情况相适应的师资队伍，将工作重心放在幼儿园教师数量增加及质量保障两方面。通过"定

向培养""扩大农村学前教育特岗教师招录数量"等方式稳定农村学前教育师资来源，相关福利政策向农村幼儿教师倾斜，提高幼儿教师的薪资待遇及社会地位，采取有力措施防止乡村幼儿教师的流失。在农村幼儿教师质量方面，近年来关于农村幼儿教师培养计划不断出台，"国培计划""区培计划""乡村教师培养计划"等专项计划在一定程度上缓解了农村学前教育师资力量薄弱的问题，但是这些培养计划尚未形成系统的农村幼儿教师培养体系。建立一套系统的、与农村幼儿园相适应的综合培训制度，提高农村幼儿教师的综合素养及专业技能，提升农村学前教育的公共服务质量，满足农村学生及家长对优质学前教育的需求。总之，农村学前教育发展的当务之急就是要为农民群众提供优质学前教育公共服务资源，完善农村生活教育配套设施。

（二）发挥基础教育在生态宜居中的作用，让农村文化生活更加丰富祥和

基础教育促进农村生态宜居应做到以下两点：一是要打造美丽校园，优化育人环境和乡村文化生态。结合当地实际情况，采取新建、扩建、改建相结合的办法，完善农村中小学校舍建设，注重校园绿化、美化、净化、整洁化，校容校貌发生实质性变化，为农村教师及学生提供一个美丽、适宜的教育场所。尤其是要完善农村中小学的住宿条件，在学生方面，要及时排查学生宿舍存在的安全隐患，修缮住宿设施，也要打造良好的宿舍文化及温馨的宿舍氛围，配备专业的生活指导教师，通过他们的言传身教、身体力行，在潜移默化中积极引导农村学生的健康成长。在教师方面，应尽可能地改善农村教师的生活条件，如实施农村教师安居工程，努力争取教师住房享受国家安居工程、经济适用房工程等各项优惠政策，积极争取针对建设农村教师住房进行专项补贴，改善教师宿舍由教室改建条件艰苦简陋的状况，完善教师宿舍的用水、用电、用网及娱乐等生活配套设施，实现农村教师生活城镇化，进而达成农村教师安居乐教的目标。同时，充分发挥美丽校园的辐射作用，以美丽校园建设带动美丽乡村建设，促进农村村容村貌发生质的提升。

二是要形成生态教育理念，培养学生乡村主人翁意识，提升家乡认同感。长期以来，乡村教育受到了城镇化进程的冲击，一味模仿城市办学，逐渐背离乡村土壤，有向"离农教育"的发展趋势，在这样的教育价值理念的影响下，农村学生、家长、教师都将进城读书、升学作为最重要的目标，对于乡土家园缺少情怀与自信。农村基础教育应着重培养学生内在的乡村情感和价值观，引导其树立乡村生活的生存自信，培养主人翁意识。除此之外，也要培养农村学生爱护环境、讲究卫生的良好生产和生活习惯，实现生态宜居美丽乡村建设持续发展。

（三）保障农村特殊教育资源的供给，为弱势家庭提供制度保障

农村特殊教育促成乡村生态宜居，其当务之急就是要保障农村特殊教育资源的供给。从教育公平的角度出发，政府在发展农村特殊教育时应根据当地的残疾人口数量及经济发展水平，对农村地区提供更多的财政支持，增加农村特殊教育经费投入，优化农村特殊儿童受教育环境以及为他们提供配套的基础生活、教育设施，保障农村特殊教育资源供给，为农村特殊群体提供完备宜居的生存条件。

五、乡政府全面提高农村教育治理体系和治理能力现代化，构建乡镇与农村学校"政教协同"新机制，促成乡村组织振兴

乡村治理是国家治理的重要组成部分。乡村振兴的基础在乡村治理有效，故而加强乡村治理，特别是乡村教育治理，是促成乡村组织振兴的基础。就乡镇层面来讲，积极加强乡镇府与学校的融合与协同，是一条值得探索的道路。因此，建议构建新时代的乡镇行政部门与农村学校管理系统协同发展的有效机制。

（一）建议乡镇中心校长参政议政，提高教育振兴在乡村振兴中的领导服务职能

从当前的政府管理体制来讲，乡镇及其以下的教育管理与乡镇行政部门脱节。例如乡镇区域的学校教育由中心校校长管理，中心校校长直接受县教育局领导，与乡镇政府没有直接关联。从调研情况来看，一些乡镇学校与乡镇政府之间联系密切的学校，学校会得到更好的发展，其教育质量也更容易得到保障。但是让乡镇政府与学校关联，并非要求其直接管理学校，而是建议构建必要的"政教协同"机制，例如校长列席乡镇党政联席会议，乡镇政府为学校办学提供必要的土地资源支持等。学校积极吸收乡镇行政资源和社会文化资源，乡镇政府也适当介入乡村学校教育，更有利于学校管理的推进。

此外，也建议加强大学、地方政府、妇联、团支部、残联等组织建设，充分发挥其联系群众、团结群众、组织群众参与民主管理和民主监督的作用。积极发挥服务性、公益性、互助性社区社会组织作用。随着城镇化进程的加速，农村常住人口逐年递减，农村学校数量减少的同时，学校规模也在不断萎缩，大部分农村中小学由于入学人数的减少而呈现小班化趋势，面对小规模的农村学校，政府应更新拨款标准，制定最低经费红线来推动基础教育的发展，关于乡土文化、特色产业、本土经济产业链等不同层次类型人才需要联合地方多个部门、组织共同协商，民主管理参与乡村振兴的乡村治理行动。

（二）建议村级小学与村委会资源合并，盘活村级教育资源和行政资源利用率

村级完全小学和教学点遍布全国大地，其总体体现出"教师少，学生少"的"萧条景象"。但是近年来在党的积极领导和推动下，村级治理机构村委发展较为热闹。从调研结果来看，因为地理环境和历史等原因，村委和村小一般都建设在同一区域，因学校学生少，各项设备很少有人用，但村委又重复建设一些公共设施，造成建设资金和资源的浪

费。因此，建议村级小学和村委应当整合资源，提高村级学校资源利用率和乡村学校的活力。

（三）建议增加乡村教师"乡村补贴"

乡村学校是乡村的重心，教师是学校和乡村的灵魂。但是当前乡村教育最大的问题就是留不住老师，特别是年轻老师流失非常严重。其中一个原因就是年轻教师实际上生活在城市，教师子女上学也在城市，乡村年轻老师成为"城里的乡村教师"，故而都在想办法"离开乡村学校"。虽然乡村教师补贴从一定程度上吸引了乡村教师留校，但是从"开支成本"来讲，乡村补贴比较少，所以对乡村教师吸引力并不大。要真正实现从工资上留住和吸引乡村教师，建议提高乡村教师补贴额度。

（四）落实关于教育投入的有关政策，遏制生源外流

设立对深度贫困县教育发展的专项扶贫资金，建议加大基础设施建设的投入资金，加快农村学校标准化建设，加快农村学校实际教师周转房建设，尽量降低项目建设县级配套资金的比例；"小班化"是未来发展的趋势，农村小规模学校具有得天独厚的优势，转变教师的教学观念，提升小班教学质量，让农村孩子也能享受到"小班化"的优质教育，方能确保乡村振兴需要培养的未来人才与劳动队伍的稳定发展并不断提高素质。

第三节　新时代职业教育助推乡村振兴战略的实施策略研究

随着时代的不断发展进步，我国也随之步入了一个新的发展阶段，产业升级和经济结构的调整速度逐渐加快，各行各业也加大了对技术技能型人才的需求，进一步凸显了职业教育的重要性。在这一背景下，全

面提升农村劳动力职业技能培训水平，改善培训效果，不断增强农村劳动力的综合素质与职业技能，具有非常重要的作用和深远的影响。农业现代化发展的重要使命、城市化进程的不断推进乃至社会长治久安的战略任务，都需要我们不断增强对农村劳动力职业技能培训的重要性和紧迫性的认识。同时，农村劳动力职业技能培训是一项系统的社会工程，与当地经济、文化、民生发展有着密不可分的关系，其中涉及农村基础教育、城乡户籍制度、农业科研与推广体系、农村企业发展等方方面面的事务。面对这一发展背景，针对新时代职业教育助推乡村振兴战略发展的问题，由于国情相同、地理环境相似等特殊情况，在全国范围内都有着一定的指导意义。在实现探索新时代的职业教育推动乡村振兴战略发展问题的基础之上，针对性地提出我国新时代职业教育推动乡村振兴发展战略对策的重大意义。

一、新时代职业教育助推乡村振兴战略的主要动力

（一）转变教育思想，重视和加强农村职业教育发展

对传统的农村职业教育办学理念进行改革是重中之重。对农村职业教育而言，发挥着重要作用的是各类的职业学校和技能培训机构。近几年来，虽然国家扩大了普通高校的招生数量，使得更多的学生可以接受高等教育，但每年仍有 40% 以上的农村学生无法上学接受高等教育。如果无法对这部分学生进行职业培训，会进一步加大农村剩余劳动力过剩的严重问题，进一步影响到城镇化进程。根据这一状况，政府应制定一系列相关措施，借助舆论、广播和电视宣传等一系列手段，大力宣扬农村职业教育的重要性。在这一系列手段的影响下，越来越多的学生和家长在思想认识上发生了很大的转变，进一步对农村职业教育有着更加深刻的了解，使更多的农村学生进入农村职业教育行列中来。

对于农村职业教育的发展，要始终坚持"以优良服务为宗旨、以完成就业为导向"的发展理念，在满足市场发展需要的前提下，转变国民计划经济思想；政府需要从传统的宏观调控政策转变为符合新时代新发

展的新政策，将调控重点从升学率转移到就业率上来。在新时代的要求下，政府依据市场的需求，将农村职业教育与生产、技术和服务相结合，采用新型订单式培养模式，大力提倡创业指导理念，使农村职业教育有了很大改变。另外，在农村职业教育上，以社会为背景，立足于市场，使办学理念发生了大的变化，让彼此都明确自己的社会责任。在面对市场发展需求时，各行各业的职业教育必须有相应的办学理念。就农村职业教育而言，不能只强调升学率，应该大力提高就业率。由于在农村职业学校进行学习的大部分是农民，是本地区经济的直接就业者，所以，对于农村的职业教育就要从实际出发，培养出合格的从业人员。这要求有关部门做好相关的职业教育改革工作，以尊重市场为前提，提升自己的综合竞争力。

第一，要纠正社会的认知偏差。正是因为某些根植于人们思想中的认知偏差和偏见，使得农村职业教育被忽视，视为三等教育，导致选择成为农业类专业生的学生越来越少，甚至在毕业后选择在与本专业不相关的行业进行发展。近几年，为推动农业发展方式的转变，国家开始重视农村职业教育，培育新型职业农民，扭转大众的认知偏差或偏见，让所有人都了解到：作为一名新型职业农民是值得自豪的。农业产业是社会产业必不可少的一部分，是既具有产业属性又有公益属性的高效益行业。而社会主义环境下的新农村是美丽、具有魅力的。

第二，要考虑到现实的需要，尤其是农民、农业、农村的需要。究其目的，大力发展农村职业教育和农村科技是为了提高农民、农业、农村的教育和科技水平，推动农村的发展。对农民这一群体而言，最有效的便是满足其实际需求，解决他们眼前的问题。由于目前农民对于教育、科技的需求想要得到满足，受众多方面的因素影响，效果也需经过多个环节后才能看到。因此，要求政府在解决农民问题开展工作时抓住问题的源头，从根本上解决问题，在每个环节中，都牢记农民的主体地位，才能提高工作效果。由此可见农村职业教育与农村科技工作的重要性，关系到农村政治、经济、文化、社会发展建设的方方面面。从需求层次上来说，当前的农民群体对教育和科技都有着强烈的需求愿望，或者说，农民不再像传统那样，被动地、单方向地接受国家的科教信息和服务，而是主动追求国家的教育、科技资源，迫切想要与相关部门、专家、机构形成一个双向箭头的关系，进行互动。由于我国目前实行的自上而下的线性模式，注重行政而缺乏沟通，使得农民无法表达他们的迫切需求，政府也无法准确了解到基层的需求，最后导致农村的教育、科技与现实脱节，工作效率低下。由于当前农村对教育、科技的需求具有多样性和复杂性等特点，在进行农村职业教育与农村科技工作时，不忘记"以农民为中心"的原则，突出农民在其中的主题位置，在实际工作过程中，了解农民的实际需求愿望，建立一个完善的让农民能表达的机制。

第三，要强化农民自身对教育和科技的意识。当前我国的农民群体较以前而言在农村职业教育和农村科技成果方面有了很大提高，对这些方面也更加重视，由于受历史、社会、自身等因素的影响，目前农民对教育、科技的意识还不够强，离当代农业发展要求还存在一些差距。对于部分农民来说，农村职业教育可能并不是他们自己的选择，而是被动接受的结果，对于农业科技也不是主动去追求，所以他们是被"灌输"或以"技术示范"的方式来被动接受知识输出。加强农民群体对农村职业教育和科技的重视程度，改变农民被动接受知识的方式，提高农村人力资源和农业科技水平。而且农民群体具有非常强的效仿能力，虽然他们不愿意主动接受新鲜事物，但对于能够给他们带来实际效益的技术、理念却不会拒绝。所以，在提高农村职业教育与科技服务时，一方面可以扩大宣传的范围，另一方面可以树立起依托科教致富的农户作为典范。扩大宣传范围可以利用网络、广播、电视等传媒的方法，渗透到农民生活的方方面面，让他们在不经意间接受教育、科技的理念，让他们自己在尝试后觉得对自己有利，能实际解决问题，让他们能从根本上转变自己的思想，学会主动接受相关信息，从而加强农民的教育、科技意识。树立典范时，要大力宣扬，让农民能从自己身边的人中意识到技术对生产的影响，体会到教育、科技的力量，从而加深农村职业教育、科技的重要性和影响力。

（二）坚持协同发展，构建城乡统筹的农村职教体系

新型城镇化是以城乡统筹、城乡一体、产业互动、节约集约、生态宜居、和谐发展为基本特征的城镇化，是大中小城市、小城镇、新型农村社区协调发展、互促共进的城镇化。在以人为核心的前提下做到"四化"同步，要想推进新型城镇化的进程，就要转移大量的农村剩余劳动力市民化。在新型城镇化的发展进程中，我国的农业要实现现代化就必须要做到"规模、机械、市场、科技"四化同步，依靠高技术、高素质的新型职业农民，转移大量农村剩余劳动力成为必然。因此，提高农民素质、促进农民转移是新型城镇化发展的关键。只有转移农民，才能发展城镇化，实现农业化，而想要农民富裕起来的前提也是转移农民。农村职业教育体系是为了保障大量的农村剩余劳动力转为符合现代农业需求的新型职业农民，要想完成这两个艰巨的任务，必须构建一个完整的城乡统筹农村职业教育体系。

第一，培养新型职业农民。新型职业农民是指具有科学文化素质、掌握现代农业生产技能、具备一定经营管理能力，以农业生产、经营或服务作为主要职业，以农业收入作为主要生活来源，居住在农村或集镇的农业从业人员。首先，对于新型职业农民的培育应以市场为导向、以振兴乡村为目标，依据农业的产业化、市场化和现代化的需求去制订专属的培训计划，针对农业技术、管理和服务人员，根据市场与乡村振兴的实际需求，选择适合他们自身的培训内容和培训方式，以"订单式"的方式进行个性化培育，既能分门别类地进行培育，又能单独提高某些农民的突出技能，进行针对性的培训。其次，在培育新型职业农民的过程中，要深入开展调查摸底工作，全面掌握当地农业劳动力状况，以生产经营型职业农民作为重点对象，根据不同类型新型职业农民从业特点及能力素质要求，科学制订教育培训计划并组织实施。构建一个完整的农村职业教育体系，鼓励加强与高职院校的合作。发挥高职院校的作

用，通过教师的职能实现资源的共享，开拓教育的渠道与内容，提高培育的质量与效率，让农民接受更加全面而专业的培训，提高农村群众文化、技术、服务等方面的专业素养。最后，当今高速发展的互联网信息技术也可以利用，利用网络推行线上教学，融合线下培训，使线上线下相结合，推动高职院校在培育新型职业农民中的培育作用。积极探索新型的培训模式，例如"远程教育＋进村入户"等，多方面满足新型职业农民的需求。

第二，构建全新的农村职业教育新体系。以县、乡职教中心为主体，依托城市的高等职业学校和农业大学等。在县城，依据各县域的经济发展、产业机构、产业特色的需要保持原有农村职业体系建设，即以"县—乡—村"三级为基础。第一步，加大推进县城职教中心的发展，打造出一个能集合学历教育、技术推广、扶贫发展、劳动力转移培育和社会生活教育的综合性平台，将其服务网络扩大至社区、村庄、合作社、农场甚至企业。第二步，由乡镇领导牵头，打造一个资源整合性的乡级农村职业教育培训地和成人文化中心，集合乡镇现有的农村职业教育资源：农技中心、企业、种植基地等，从实际出发，结合理论，培育出新型职业农民。第三步，构建一个完善的沟通机制，连接农村职业教育、城市高等职业教育和农业大学，完善中高职的衔接机制，打通中等职业教育到高职专科，到应用型本科，再到专业研究生学历之间的上升机制。在招生、培训、师资等各方面加强合作，让农民也能通过通道自行升学，以本领就业。如现今推行的对口高考、"3＋2"等，就受到了广泛的欢迎，所以，乡镇政府可以加大力度，进一步推进，扩大其比例。还可推行不同招生方式，如联合招生、委托招生等，或通过由县招生、城市培养等不同方式进行合作。最后，加强对进城务工的农民进行培训，做到城乡联动。在农民工进城之前，当地的农村职业教育做好自己的本职工作，对他们进行基础性的知识教育和技能的培训，加强相关法律的宣传，增强他们的就业法律观，对城市生活方式进行介绍，使他们在进城后能更好地融入城市生活。农民工进城务工的城市，要在城市发展规划中加入对进城农民工的教育和培训，如城市社区教育、职业院校等地方的教育资源要利用起来，对农民工进行二次教育。

（三）加强政府统筹，完善农村职业教育的保障体系

建立一个完善、完整的农村职业教育体系是保障农村职业教育可持续发展的必不可少的因素。因此，我们要在城镇化发展、新农村建设、发展农业现代化、扶贫攻坚工作中发挥出我国农村职业教育的基础性和先导性作用。要相信，农村职业教育在我国现在和未来的工作发展中都将大有作为。要想搭建一个完善的农村职业教育发展保障体系，我国政府应从法律、投资、组织、督查和后勤等方面开始进行建设。

第一，完善健全的农村职业教育法律法规的建设体系。由于我国农村发展的一些特殊性，如在特定时期有着特殊任务、人口多等，且具有复杂、长期、艰巨等特性，所以我国需制定专门的与农村职业教育相关的法律。

第二，加快职业资格证书改革，改进职业教师职称评审方法。制定一个全新的职业教师评定方法。新的教师评定需制定新的评审方法，上报教育局、人力资源部门及学校部门进行备案。让高校直接拥有自主评定职业教师的权力，将职称评审、自主评价、按岗聘用一条龙的权力全部交由高校。对于无法独立完成组织评审的高校，可委托其他高校进行评审或多个高校联合进行评审。高校在建立新的评价体系，完善专家评价机制时，要将师德表现作为评聘的首要条件，提高教学业绩在评聘中的比重，建立以"代表性成果"和实际贡献为主要内容的评价方式。高校可建立绿色通道放宽对海外回归人才、急缺人才的条件限制，如资历、年限等，灵活评审。

第三，构建完善农村职业教育投入机制。首先，完善政府财政性的职业教育经费投入机制。依法出台一些经费的使用标准，如职业院校经费使用标准、公用教育经费的投入标准、新型职业农民培育经费标准等。中央财政机构应加大对欠发达地区、边界地区、少数民族聚集地区等地的农村职业教育经费转移支付力度。其次，完善资本投入的渠道，接受企业、行业、个人等不同社会资本的不同投入方式。通过一系列方

式鼓励企业、行业、个人等社会资本的投入，如：财税、宣传、社会信誉等鼓励他们举行捐赠、参股、基地等多种方式推动农村职业教育的发展。最后，可以采用各院校结对子的方式，如县城职教中心和农业大学等院校进行结对定点、定向支持，推进县城职教中心发展。

第四，加强各级领导的责任义务。中央政府在负责农村职业教育的发展时制定办学准入、质量、经费投入标准等法律法规规划设计，落实中央对特定区域财政上的转移支付力度；省级政府则负责省内的农村职业教育发展的统筹问题，促进省域内农村职业教育和经济的协调发展，做好自己本职工作的落实问题。县级政府则是定期对人大代表汇报教育工作进度，建立以县级领导为主要负责人的完善的农村职业教育联席会制度，联合农业、劳动、教育、科技等部门各司其职、齐心协力共同为农村职业教育的发展奋斗。

（四）注重内涵发展，提高农村职业教育的办学质量

目前，我国的农村职业教育的办学水平较低，教学质量也不高，社会吸引力更是不足，这就导致很多优秀学生不愿选择职业教育，更不用说选择农村职业教育了，对于现在的绝大部分学生来说，他们选择农村职业教育就读只是一种无奈的选择。但他们不知道的是，现在的农村职业教育在我国的新型城镇化、新农村建设、工业化、农业现代化中都发挥着极其重要的作用，这是世界发展的普遍规律。如今我国政府已做出了大力发展农村职业教育的决策，并在经费投入、组织领导等方面做出了行为规定，这些都是发展农村职业教育的重要外部条件。因为外部条件的改善还得靠内因起作用，所以真正促进农村职业教育发展的最终因素是需要内部因素的有机调整和外部因素的改革共同发生作用；同时，要注重农村职业教育的内涵建设，就需大力提高农村职业教育的办学水平，这样才能增加社会对农村职业教育的认同感和吸引力。

第一，国家应合理规划布局农村职业教育的发展方向。根据当地的经济发展水平、产业结构和农民教育发展的需要，合理科学地布局农村职业教育，并且要把农村职业教育的发展规划纳入城乡统筹计划发展之中。

第二，国家应培养精通理论、实践能力强的"双师型"教师。着重改革现今注重学历的教师资格选择，改革偏重僵化的人事编制制度；加快探索适应我国农村职业教育发展的教师资格的人才选拔，增加流动性的人事规章制度；加强新任教师准入制度、在职教师培养制度和探索职业教育学历教育家企业实践的培养方式，国家教育机构应组织促进专业教师轮岗、积极到企业实习并参与实习基地的实践活动，相关部门还需制定新任教师岗前接受企业实习制度。与此同时，国家还应引用在企业行业中的技术水平，并合理应用发展。另外，道德水平高的能工巧匠，在经过一定的教育理论培养后，就能够在教师岗位任职。

第三，改革创新人才培养模式。重要的是改变重理论、轻实践的传统模式，加强"产教融合、工学结合"的培养模式；改变加强以实践能力为主的教学模式；加强以实践操作为主要方式的考试模式系统；构建学习内容与课外实践相关联的课程结构；增加创新仿真、虚拟化的信息远程教学模式。积极鼓励职业学校学生去获得学历证书和职业资格证书的双证制度，并大力开展现代学徒制度，让更多的职业学校和企业在招生、培养过程中能够深度合作，培养出理论深、技术精的现代学徒式工人。最后，以不断开展职业技能竞赛的方式来促进社会对职业教育的认可，促进职业教育质量的提高。

第四，各教育者应健全课程衔接体系。尽可能满足社会经济结构完善、教育技术的升级与人们对职业教育的需要，达到构建职业教育课程的标准建设。首先，职业教育的行业、课程专业与课程内容标准需衔接。其次，各级职业学校的教学内容要与培训机构的基础教学内容衔接关联，这是打通人才上升的通道。再次，职业教育的课程内容要与普通课程教育内容沟通衔接，使学生能根据自身需求自由选择职业教育或普通教育。最后，为了培养具有创新能力和实践能力强的素质教育人才，更应加大职业教育学生的思想道德建设和人文素质培育。

（五）推动产教融合，发挥企业在职业教育中的作用

发挥企业在职业教育中的作用，首先，要把工匠精神与基础教育结合在一起。在全省小学课程中要加入实践课，并且把实践内容归到学生

综合素质评价中去。加强学校劳动教育，开展生产实践体验，积极组织学生观摩学习行业职业技能竞赛，学校也要大力聘请一些专业人员对学生们进行授课。要积极组织开办一些切近实践生活的活动，例如"有关职业教育的宣传活动"等。有条件的学校也要开设有关职业教育的课程，这样更易于学生了解职业。一些实训基地也可以与普通学校联合，也可以在一些企业建设一些高中学校，进行试点，增强职业教育对中小学生的吸引力。

其次，推进校企、产教协同育人，完善招生配套改革。推动学校与社会的对接，比如上课的内容与教学的过程可以与职业相关对象进行对接；紧贴企业岗位改革教学方式方法，开展项目教学、案例教学、场景教学；鼓励校企合作开展各类竞赛，进一步推动试点工作的进行，分为国家、省、市、校四个等级进行试点工作。在试点过程中不断开发与企业相对接的平台，完善教学，从而制定出严谨准确的教学标准。明晰学校、企业和学生三方责权利。职业学校实践性教学课时不少于总课时的 50%。

最后，完善产教融合师资队伍建设机制。落实教师队伍建设改革、高校办学自主权有关政策措施，不断探索方法，找到适合职业教育与应用型学校的职务评定方法，建立一个"双师型"认准的标准。支持企业技术人才和管理人才到学校任教。鼓励高等学校聘用具有行业企业工作经历的教师，从而建立一个培育"双师型"的机制。在这个机制中，学校的专业课老师必须在 5 年中有不低于 6 个月的实践时间，每 2 年不低于 2 个月的实践时间也可以，新任的教师前 3 年必须在企业至少实践 6 个月。

二、新时代职业教育助推乡村振兴战略的组织保障

（一）基于中央政府视角下的职业教育助推乡村振兴战略

要想促进农村职业教育的发展，就要全面发挥出农村教育下的劳动分工功能，进一步促进农村经济的增长，这就要求中央政府重视财政支

出的政策功能效用。结合目前我国经济社会发展的现实，我国政府需提高对农村基础、职业、成人教育的重视程度，加大投入力度。

第一，加强对农村基础教育的投入力度，能更大化地发挥出农村职业教育的劳动分工功能，进一步促进农村经济的增长。目前，社会大众更加关注如何更加科学合理地教育农村下一代。作为这个问题的重要一部分，农村的幼儿、小学、中学教育也逐步得到了社会的高度重视和广泛关注。由于受一些因素的影响，农村在这一方面上与城镇有着很大不同，因为受农村经济发展滞后带来的影响与制约，农村幼儿、小学、中学教育难以满足当前农村经济社会发展的需要，这一表现在中西部边远山区尤为明显。在此基础上，我国政府应制定专门的政策，从地方经济发展的现状出发，强化农村的财政转移支付力度，尤其是中西部广大农村的教育方面，根据现实来有效满足农村居民对农村教育的需求。

第二，加强对农业职业教育的投入力度，从而更大发挥对农村职业教育的劳动分工功能，进一步推动农村经济的增长。为了进一步发挥农村教育的劳动分工功能，强化农村职业教育的投入力度，农村职业教育的发展不可忽略。由于我国的实际情况，农村职业教育的发展受到许多因素的限制，发展状况并不太好。仅靠地方政府的财政收入明显很难满足农村职业教育的发展。从发达国家来看，教育支出占 GDP 总值是与经济社会成正比的；但从我国来看，即使我国的经济实力比较强，经济总量也比较多，但教育支出占比却偏低，与经济社会发展是不相符的。改革开放以来，观察我国对教育的实际投入，发现在整个职业教育投入比例中，农村职业教育投入明显占比低，这与农村经济社会发展地位是不相符的。中央政府应该在教育支出方面全面分析，根据实际比重采取相应的支出倾斜的职业教育投入体制；在这个过程中，更要充分考虑到经济社会发展的实际情况，要充分重视欠发达的农村职业教育发展。

第三，加强对农村成人教育的投入力度，从而更大发挥农村教育的劳动分工功能，进一步促进农村经济增长。由于我国农村成人教育现阶段的发展状况，加上我国不同行政单位的财政实力，更要根据实际来发展农村成人教育，促进经济的增长，中央政府不能止步于强化对教育发展的投入力度，更应该实施引导性的扶持政策，调动地方办学主体对成人教育投入的积极性，从而全面并且有效地推动农村成人教育的发展。一方面，中央政府需要在了解的农村成人教育的前提下加大对农村成人教育的投资力度，从而扶持该教育机构的健康发展。另一方面，中央政府更应该通过一些财政支出来支持和引导农村成人教育办学的积极性，从而促进教育事业的发展。

（二）基于地方政府视角下的职业教育助推乡村振兴战略

根据我国目前的教育投资体制，对于教育事业的发展，不仅仅需要中央政府的财政支出，还需要地方政府引起重视。再者，为了全面促进农村教育的发展，发挥农村教育事业的劳动分工，还要中央与地方保持一致，加强地方政府对教育事业发展起的重要作用。具体地说，分为以下三点：

第一，优化教育的结构。就是把发展中等职业教育当作基础，进一步普及高中阶段的教育，从而建设中国特色教育体系。在保持高中阶段教育普及的同时，使更多的城乡劳动力普遍接受高中阶段教育，进一步改善学校的基本办学条件。在此基础上加强省级统筹，建设、办好一些职教中心，把重点放在特困地区，至少要建立一所符合当地发展的中等职业技术学校。对各地的中等职业学校的布局结构进行适当的指导、科学配置，把职业教育资源分配好。要加大对部分地区职业教育的政策扶持和金融扶持，加强对职业教育东西协作计划的落实，完善对内地少数民族地区的中职班。进一步完善更新招生机制，在中等职业学校和普通高中建立一个相对统一的招生平台，精准地服务于不同地区的需求。对大部分未接受中等职业教育的人群进行积极的招收，让他们成为乡村振兴战略中的一股力量，为农村的发展培育一批批新型职业农民。更要发挥中等职业学校的重大作用，职业学校应该要帮助一些困难学生完成义务教育，并且使他们学习职业技能。

第二，为了加强对农村教育的投入。根据我国农村的发展状况，农村教育近年来才得到社会关注和重视。也就是因为这样，不论从哪个角度看，我国对农村教育事业的投入跟不上实际所需。所以在中央对农村教育进行大量投入的同时，地方政府要实施配套的投入方案。一方面，要满足当地农民对教育的需求，开发农村的教育资源；另一方面，地方的财政支出中要保证对农村教育事业的投入，为农村的教育发展奠定相应的财力基础。如今的实际情况是，地方财政对农村教育事业的投入是较少的，许多的农村教育被划到了高等教育。这样做的一个原因是地方政府能力有限，没有多余的资金投入农村的教育建设上去；另一个原因就是当地政府的重视不够。

第三，要重视农村职业教育。根据国家所做的规划，进行配套的投入。职业教育的发展随着经济的发展不断引起社会的关注，受到重点关注，尤其是这几年，国家还为职业教育事业的发展出台了许多的政策。宏观来看，我国的职业教育已经达到了一种较高水平，但是由于多方面的原因，在农村，职业教育远远低于经济发展的需求。农村与城镇相比，城镇的投入需求更低。也就是说，我们要从硬件和软件两个方面来对农村的职业教育进行投入。当国家投入已经满足不了需要时，就要加强地方对农村职业教育事业的投入。地方政府可以采用直接和间接投入方式。直接投入即直接进行资金投入，而间接投入则可以通过多种途径来对农村职业教育进行投入。

（三）基于相互协作视角下的职业教育助推乡村振兴战略

劳动分工功能对农村教育发展有很大的影响，充分发挥其功能，从而促进经济的增长，不但需要国家的大量财政支出，更需要地方政府的配套投入；所以地方政府要加强对农村教育发展的重视，促进中央与地方的协作。具体分为以下两点：

首先，中央要加强监督与管理。这就需要各部委积极承担职责，采取各种各样的方法与手段。比如，财政部应该按照规定保证资金精确投入到位；审计部要根据国家所制定的政策对地方的资金进行审核，严格把关每一笔资金的使用情况，按规定使用。对于服从国家指令的地方政府要及时进行奖励与鼓励，但对于违规违纪的地方政府要采取相关措施进行严惩。只有这样，教育经费才能够真正投入教育事业中。

其次，地方政府也要加强自律，要重视农村教育事业的发展。地方政府只有发展农村教育，才能够有效地发挥劳动分工功能，从而促进经济的发展。地方政府也要积极地寻求教育经费，从而推动教育事业的可持续发展。尤其要对农村教育事业引起极大的重视，要将其纳入规划之中。地方政府更应该合理分配资金，统筹规划，严禁滥用经费，造成财产的流失，杜绝浪费现象的出现。

三、新时代职业教育助推乡村振兴战略的具体对策

（一）新时代职业教育助推乡村振兴战略的政府支撑对策

1. 加大对农村地区教育的财政投入

研究表明，财政投入资本与农村人力资本成正比，即政府对于农村教育投资越高，农村人力资本增长越大，从而促进农村人力资本知识水平提升，农民受教育程度越高，知识水平便更为丰富，这对于农村经济发展，农村人均收入增加发挥着显著作用。因地制宜，就农村发展现状来说，农村教育投资主要来源于政府财政投入。

鉴于目前高校发展状况，政府应扩大高校经费的使用权，不断完善相关的学校拨款制度，优化拨款结构，提高经常性经费预算，加大基本保障力度。改进完善项目管理方式，完善资金管理方法，采用额度管理、自主调整等不同措施，以扩大高校项目资金使用力度。学科建设、科研课题等专项资金及专项工作，原则上不要求高校按固定比例硬性配套。赋予高校一定预算调整权限，简化调整程序，高校可按政策自行办理支出预算经济分类项级科目调剂，报主管部门和财政部门备案。进一步完善高校国库资金支付方式范围划分，扩大财政支付范围。

扩大高校资产采购权和处置权。对具备组织政府采购能力和条件的高校，经主管部门和财政部门同意后，允许按照政府采购法律制度规定，自行组织采购，自行选择评审专家，适度提高资产处置的备案和报批标准。高校自主处置已达使用年限并且应淘汰报废的资产取得的收益，留归高校，纳入学校预算，统一核算，统一管理。税务部门也应执行好各项关于高校的税收优惠政策。各高校要牢固树立勤俭办学理念，

强化高校资产管理的主体责任，建立健全国有资产监督管理责任制，提高内部控制水平，防止国有资产流失。与此同时，高校应依法接受审计监督。

简化高校基本建设项目审批程序。列入国家或省政府批准的相关规划的项目，或总投资低于1 000万元且不需新增建设用地的项目，不再审批项目建议书，直接进入可行性研究报告审批程序。总投资低于1 000万元的项目，可以简化可行性研究报告编制内容，不编制和报批初步设计及概算，其建设投资按可行性研究报告批复的估算投资额进行控制。

2. 合理引导优质师资流向农村地区

农村地区的教育质量取决于农村师资队伍的优异与否。对此，可以从师资培养、教师待遇、教师发展前景等方面吸引优质教育资源流向农村地区。

第一，师资培养方面。因地制宜，结合农村地区，尤其是贫困地区和少数民族地区，针对这些地区的特征，选拔一批优秀学生接受更优秀、更高层次的免费师范生教育，规定师范生毕业后在家乡从事教育行业的最低年限。然而，尽管我国实行了免费师范生教育，但高等师范学院覆盖面小、对学生要求高、招生数量有限，毕业生服务范围窄，效果有限。在未来，免费师范生教育应面向少数民族地区、贫困地区，实施院校也应向普通高等师范学院开放，从而培养出适宜农村地区的师资队伍。与此同时，应加强农村地区与城市的交流，定期选派农村教师到城市学校或高校进行交流学习，提高师资队伍教学能力。

第二，教师待遇方面。政府应提升财政对农村地区教师队伍的补贴力度，促进农村、城市地区教师队伍待遇一体化、公平化。少数民族地区教师队伍在待遇方面应更高于其余地区。国家可以把农村地区的师资力量纳入公务员体系，如此，既可以提高教师待遇，同时也提高了教师的社会地位。

第三，教师发展前景方面。对于在农村地区扎根的教师队伍，可以在评优、评先、进修学习等方面提供适当优待；对于城镇教师在农村短期支教的教师队伍，可以给予其物质和精神上的鼓励，并且在今后的评优评先中，享有优先权；政府应继续加大推动各高校毕业生在农村支教的力度，在政策上鼓励和支持高校毕业生扎根农村、服务于农村的教育事业。

3. 合理调整农村地区整体教育结构

农村教育结构不合理，虽然，农村基础教育得到了极大发展，但是农村的中等教育、职业教育、高等教育的发展严重滞后。在职业教育方面，首先，政府在大力发展基础教育的同时，应不忘发展职业教育。政府可以建立农村职业教育发展专项基金，实现专款专用；鼓励、引导具备学习能力的农民参与职业教育。其次，要促进思想解放，突破"唯学历论"的陈旧观念，宣传"任何劳动只是社会的不同分工合作，没有高低贵贱之分"的理念。实行校企合作，鼓励企业高层领导者来校讲学，指导学生学习专业技能，引导企业就地培训，提升学校就业率，吸纳毕业生就业。这有利于学生了解学习专业的前沿技术，掌握实用专业技术，在提高学生学习能力的同时，增加就业渠道。最后，在农闲季节，提升农业、林业、牧业、渔业、果业等专业的种植栽培技术，增加养殖技术的课程，引导农民学习，并在学习费用上给予照顾，这样既有利于充分利用学校学习资源，也有利于提高农民生产的使用技能，培养新型农民。

（二）新时代职业教育助推乡村振兴战略的社会治理对策

1. 强化基层政府的社会治理职能

第一，加强组织领导。各级党委和政府要充分认识加强和改进乡村治理的重要意义，把乡村治理工作放在首位，将其纳入经济社会发展总体规划和乡村振兴战略规划，对部分乡村地区进行试点工作，及时发现、研究、解决工作问题，将加强和改进乡村治理工作纳入乡村振兴考核。将党组织领导的乡村治理工作作为每年市县乡党委书记抓基层党建述职评议考核的重要内容，推动层层落实责任，各省（自治区、直辖市）党委和政府积极贯彻落实，每年向党中央、国务院报告推进实施乡村振兴战略进展情况时，要将乡村治理工作情况作为重要内容。

第二，建立协同推进机制。严格落实责任，加强部门联动关系，建立辅助乡村运行的机理机制。党委农村部门要充分发挥带头作用，强化统筹协调、具体指导以及督促落实，针对乡村治理工作开展督导，并对乡村治理政策实施情况开展评估。组织、宣传、政法、民政、司法、行政、公安等部门要按照各自职责，强化政策、资源和力量配备，强化工作指导，做好协调配合，从而形成工作合力。

第三，强化各项保障。各级党委和政府应加强乡村人才队伍建设，充实基层力量，对第一书记、驻村干部等围绕乡村治理工作人员进行培训，更有利于其开展乡村治理工作；聚集各类人才资源，引导农村致富能手、外出务工经商人员、高校毕业生、退役军人等在乡村治理中发挥作用；加强对乡村社会治理设施装备的保障，落实乡村治理经费，切实保障村干部基本报酬，建立健全与绩效考核相挂钩的报酬兑现机制体制，有计划地对村干部进行定期培训。坚决取缔形式主义、官僚主义，让基层干部从繁文缛节中解脱出来。进一步激励干部新时代、新担当、新作为，坚持为人民服务，鼓励各地创新乡村治理机制。各基层政府组织开展乡村治理示范村镇创建活动，大力宣传乡村治理先进典型，营造良好的舆论氛围，从而达到乡村治理的目的。

第四，加强分类指导。各级党委和政府要因地制宜，结合本地实际，围绕加强和改进乡村治理的主要任务，分类制定落实措施。对于普遍需要执行和贯彻落实的政策，政府要加大工作力度，逐级落实责任，明确时间观念，尽快取得乡村治理成效。对于乡村治理需要继续探索的事项，组织开展各村试点，勇于探索创新，及时总结经验，改正不足，加快试点推广。对于鼓励提倡的做法，会有针对性地借鉴实施，形成适合各村的乡村治理机制。

2.健全基层政府的制度法律体系

第一，要完善和细化与村民自治有关的相关规定，使村民自治制度更加严谨，操作更加便捷。同时，建立起法律救治制度，用来处理在村民自治过程中小概率出现的违法违规事件，做到监督有力，让村民投诉有门。

第二，保障农村社会工作进行时的有序性和可持续发展性，尽快完善完备法律法规。我国农村社会的保障立法应在原有的完备社会保障法律的指导下，进一步推进农村社会的保障。我国作为农业大国，农民人口数量是很多的，导致我国在社会保障工作上难度系数急剧增加。所以，各级地方政府要制定一个适合本地区的地方性法律法规，以此来保障本地区的广大农民的权益，保证本地区的农村社会保障工作顺利展开。只有有了法律法规的保障，执法工作才有了指导，要加强对执法队伍的建设，让法律法规落实到农民的权益上。

第三，加强宣传农村社会的保障工作，让农民对自己的知情权有了解，这对农民了解自己的生存和发展有着重要意义。

3．创新农村的治理体制机制建设

第一，建立一个新的体系。这个体系以基层的党组织为领导，村民的自治组织和监督组织为基础，集体经济和农民合作组织为纽带，其他经济为补充。让村党组织全面负责领导村民委员会和村内的监督委员会、集体经济组织、合作组织及其他社会组织。村民委员会要履行自己的自治性组织功能，增强村民的自我管理、教育、服务能力。村务的监督委员会要发挥自己在村务上的监督作用，在村务的决策和公开上及财产管理等方面实施监督。而集体经济组织要发挥自己在管理集体经济等方面的作用。农民自行组织的合作组织和其他社会经济组织则要按照国家的法律法规行使自己的职权。村党组织书记则通过法定的程序担任村民委员会的主任和村级各组织的负责人。村两委成员应该交叉任职。村内的监督委员会主任一般应由党员来担任，而成员可以由非村民委员会的成员来兼任。党员应在村民委员会及村民代表中占据一定比例。

第二，健全一个村级的讨论机制。将全村的重要事项和重大问题由村党组织代表研究讨论。落实国家颁布的"四议两公开"。加强基本队伍、活动、阵地、制度、保障建设，实行村内党组织带头人带动整体进行优化提升行动，整顿村党组织涣散问题，做到整乡推进、整县提升，推进村级集体经济的发展。落实好县乡党委对乡村治理的主体责任，推进农村基层党组织的建设和对乡村的治理。落实乡镇党委的责任，乡镇党委的书记和成员要做到包村联户，入户走访，及时发现村内的问题并进行解决。健全村级组织经费保障制度，做到以财政投入为主，稳定村级组织干部。

第三，建立互联网与农村党建相结合的组织机制。发展互联网与农村党建相结合的组织机制，建设一个完善的农村基层党组织信息平台，优化全国党员干部的远程教育，推广网络党课教育的发展，提升乡村治理的能力。将党务、村务进行网上公开，让民众能了解当前村发展情况。发展互联网与农村社区的组织机制，提高村内信息化的水平，大力推动乡村的建设和信息化的管理，推进乡村委会的规范化建设，进行线上组织帮扶，培育村民的公共精神。发展互联网和公共法律服务的组织机制。建设一个法治乡村。依托国家的一体化在线服务平台，推广现行模式的改革，推动网上政务服务的进行，让群众办事更加便捷。

（三）新时代职业教育助推乡村振兴战略的产业发展对策

要想推动乡村的振兴，实现产业兴旺是其重要基础之一，是解决农村问题的前提。乡村产业发展于县域，以农村的资源为依托，以农民群体为主体，以农村产业的融合发展为路径，是一个具有地域特色、活跃且丰富的农村产业。最近几年，我国农村创新创业的环境得到了很大改善，许多新产业大量涌现，乡村企业的发展得到了推动。但也存在许多问题，如产业不全，产业链短，活力不足，效益不高等。这些离不开政府的引导和扶持。为了促进乡村产业的振兴，现在提出以下意见。

1. 科学合理区域布局，优化产业空间结构

因为城镇化进程的推进和产业结构的调整，劳动力就业结构也随之发生了巨大变化。而农村职业教育作为教育的重要部分，也要随之调整教育结构的布局，让学校的课程与城市化进程的产业结构相适应，促进劳动力转移的就业率。就目前而言，发达地区的产业结构发展是较为合理的，三个产业的结构也是形成了现代化的。所以农村职业教育在专业设置上要以第二、第三产业为主。在某些发达地区，第一产业占比仍然较高，因此要在设置专业时面向第一、第二产业，培养该方面的人才。具体可以从以下几个方面分析。

一要强化县域统筹。政府在县域内统筹考虑城乡的产业发展，来合

理规划乡村产业的布局，形成以城镇、中心镇等层次分明、分工明显的格局，推进城镇化的进程，做到城乡相互联结、相互沟通、资源共享。完善县域类综合服务功能，构建技术研发、人才培育、产品营销合作统一的平台。

二要推进镇域产业聚集。发挥乡镇的纽带作用，上连县下连村，支持地方建设以乡镇为中心的产业集群。支持农产品的流通，向乡镇集中。引导乡镇发展自己的特色产业，加快要素聚集和业态创新。以此来带动周边地区进行产业发展。

三要促进镇村联动发展。引导农村农业企业与农民合作，实现新模式化的发展建设：加工在乡镇，基地在农村，增收在农户。支持乡镇发展劳动密集型的产业，引导农村建设农工贸专业村。

四要支持贫困地区的产业发展。继续加大对该地资金技术等要素的投入，巩固扩大产业扶贫成果。政府要支持贫困地区开发具有自己特色的资源，发展自己的特色产业。如深度贫困地区鼓励农业企业成为企业龙头产业，让农村合作社与贫困户建立多样式的利益联合机制。引导多种方式的企业与贫困地区进行对接，招商引资。激励农业产业的龙头企业与贫困地区合作，共同创建绿色食品、有机农作物产品生产基地，带动贫困户的发展，让他们进入世界大市场。

2. 结合地方产业结构，加强特色专业建设

要想推动地方经济的发展，地方支柱产业和特色产业是必不可少的因素，是他们发展的重要动力之一。要想推动这些产业的发展，则需要大批的相关人才。而农村职业教育作为培育人才的重要途径之一，必须准确了解当地产业结构发展方向，整合当地现有的教育资源，建立起与地方支柱产业相适应的特色产业，发展成为重点专业，形成有特色的品牌专业。让农村职业教育的发展更加合理，能更加适应地方经济的发展。

对于当前专业的设置，尤其是涉农专业的设置，其在农村职业教育学校所占比例是农村建设是否自觉服务的重要表现之一。在当今社会，全国的涉农专业都逐渐萎缩，而当地农村职业教育学校更应站在更高的

角度下对本校涉农专业进行建设。一方面，可与当地特色产业相重合，增强涉农专业与地域性的契合；另一方面，要规范本校现有涉农专业，举办具有自身特色的专业品牌，从实际出发，立足当前，考虑长远，引领专业建设的长远发展。

首先，农村职业学校的涉农专业要根据当地的特色来发展。一个特色产业作为该地区的"名牌"，对于该地区的发展有着重大意义。为了配合当地农业产业的发展，一般农村职业学校会设置相关的专业来培养相关人才。在设置相关专业的时候，首先要确定自己地区的优势产业，合理布置产业分布情况。所以，进行市场调研成为设置专业之前最为重要的一个环节，要在当地农业产业特点的基础之上设置相关专业产业。

其次，农村职业学校的专业设置要与当前社会相勾连，将自己产业发展的方向与市场变化相联合，及时改变自己的专攻方向，发展属于自己的农业特色产品，为本地企业打造特色品牌提供支持，做到适时开发，适度超越。

另外，要提高职业学校农业专业的教学质量。某些职业院校开设的专业虽然紧跟农业的发展，但培养的人才却无法满足农业生产的需要。根据此问题可建议职业学校在原有的基础之上，通过市场调查去了解现代农业的相关信息，了解现代农业与传统农业相比的差异点，据此来重建涉农专业的相关知识。对于那些有着悠久历史的农村职业学校，他们虽有着悠久的传统历史，但由于其涉农专业历经多年依然处于一个传统落后的地位，无法适应现代社会的新发展。如果不能在自己原有基础上进行突破，则很可能在涉农专业方面落后于人。在大多数发达国家中，也有通过农村职业教育推动地区发展的历史，甚至涉农专业对国家发展发挥重要作用，推动国家经济的发展，成为支柱之一。究其原因，还是与涉农专业的时代性和开放性有关。从发达国家的经验来说，只有不断进行建设，才能使国家的农村职业教育保持新鲜的生命力。我国可根据发达国家的经验，在面对我国农业产业结构升级时，农村职业学校可在原有基础上进行升级或淘汰；还可根据本地的特色，将传统专业办出现代特色，使专业更具活力；还要适应农业产业链的发展，完善专业的设置。

3. 推进农业产业转型，创造农民就业机会

将农业进行产业化经营，这不仅能给农民带来收入，也能对我国的农业发展起导向作用。这既促进了我国农业一体化的发展，也对农业资源的循环利用做了合理安排。既能节约农业资源又能增加农业利益，使农民实现产业增收。在进行农业生产过程中，要实地考察当地的农业发展水平，将我国的小农业与世界市场的大农业进行接轨，实现我国农业的转变。挖掘当地目前的农业产业优势，加强对农民的培训，使农民能持续对农业规模进行经营，实现农业产供销一体化，以此可促进农民的增收和产业结构进行升级，也能为农民提供更多的就业岗位，增加就业机会。政府要做的便是扶植本地龙头企业，以先进的管理方式、强大的经济储备、先进的技术促进农村地区企业的发展。政府要重视农业的产业化经营，加大对其的资金支持，使其逐渐达到商品化和工业化，以农业产业为主导的乡镇地方的中小企业也要做出一些改变，以此来适应当前社会形势的发展，积极提升自身的水平，大力发展农产品的再加工，这样农业产业化经营便可以实现就地经营的目的。为解决当地农村剩余劳动力的问题，也可利用当地的农产品资源为广大农民的就业创造更多的职业岗位。

4. 突出区域优势特色，培育壮大乡村产业

根据我国国情，可以从以下几个方面发展地方特色经济：

第一，把乡村的现代种植、养殖业做强，不断推动产业组织的创新。推动种植业向四化的方向发展，即规模化、标准化、品牌化和绿色化，从而进一步延伸产业链，提高产品的竞争力。还要巩固粮食产能，对基本的农田加强保护，巩固农田；也可以建设一些对特殊农产品的保护区，从而进一步提高农产品的产能。还要加强对畜禽产能的建设，只有动物的免疫力、防控力等能力得到提高，产量才会得到保证。进一步推动奶业及渔业的发展与升级。在发展种植业与畜牧业的同时，也要发展林业和林下经济。

第二，把本地特色产业做精。可以根据当地的特色，培育以及种植

特色产品，使产品丰富化、多样化、当地化。在种植当地产品的同时，也要加强对环境的保护，保证产品的可持续发展，从而推动当地特色农产品的发展。鼓励当地居民建设农村生产工厂，支持当地居民生产特色食品、手工业等当地产品。充分利用当地的非物质文化遗产，将传统发挥到极致。这样既保护了传统工艺，又能促进当地产业的进步，延长生产链。

第三，不断提升农产品的加工流程。政府要大力鼓励当地农民发展农产品加工业，可以创办一些深加工基地。当地农民要积极参与农民合作社的农产品初加工。农民们可以在一些专业的村镇去学习农产品的加工。加强对农产品的运输以及储存的管理，从而进一步延长产业链。

第四，对当地的乡村旅游业及服务业进行优化。增添一些功能齐全的休闲区，比如观光公园等，充分利用当地的环境优势。可以试点一批乡村旅游的重点村，建设一些休闲农业的示范县，从而带动旅游业的发展与进步。推动农村传统的小商店变为批发零售，不断服务于农村经济的发展，对农村进行优化升级。

第五，促进乡村信息产业的发展。全力推动数字化农村发展建设，使得信息进村入户，从而完善国家数字化农村建设工程。不久以后，农村数字化发展会取得重大进步，推动农村电子商务以及快递物流业的发展。在科技迅速发展的时代，在农村要不断普及4G、创新5G，缩小乡镇与农村的"数字鸿沟"。不断培育出集"创新创业"为一体的新农村创业中心，生产出一批批高技术的农村电商产品，并保持用乡村物流配送体系。全面建成数字乡村的目标要在21世纪中期完成，把乡村全面振兴为一个"业强、村美、民富"的乡村。

5. 促进产业融合发展，增强乡村产业聚合

要在农村培育多元融合的主体。在保证农业龙头企业发展的同时，也要发展粮食主产业以及推动特色产品的聚集。实施家庭农场的培育计划，鼓励龙头产业带动家庭产业以及小农户参加的产业；使农业合作社以及家庭农场进行联合合作，不断地融合成主体，实现龙头产业与家庭产业的优势互补，利益共享；辐射带动力强的龙头产业要带动新兴家庭

产业。

第一，发展多种类型的融合企业状态。可以采取跨界的形式对产业进行交叉融合，合理地配置农业与现代产业，形成一个以"农业＋"为主要特点的发展方向。不断地推动种植业与林业、牧业、渔业等产业的融合；加强农业与加工业的融合；推动农业与文化旅游业的融合等；最重要的是推动农业与信息的融合，不断发展数字农业、科技农业。

第二，建立产业融合的载体。在本地区资源的基础上，突出主导产业的同时，建立一批现代化农业园或者小镇；有条件的可以创建一批农业产业融合的示范园，进行试点，从而形成一种新的发展格局，即多主体、多要素、多业态的发展格局。

第三，建立一个利益联结的机制。在农业产业与小户农之间形成一个契约型、股份型的合作方式。在利益分配时，将利益分配的重点偏向于产业链的上游，来增加农民的收入，从而促进农民生产积极性；不断地完善农业股份机制以及利润分配的机制，探索出多种利益分配的模式；开展多种经营的试点工作，从而带动农业企业与小农户的正常合作。

（四）新时代职业教育助推乡村振兴战略的教学资源对策

1. 强化农村职业教育师资力量

农村职业教育发展与师资水平有密切联系。政府应采取有效措施提高全体教师的专业水平。具体应该做到以下几个方面：

第一，应从各方面拓展农村职业教育的师资来源，以此来增加教师数量。可是，农村职业学校不管是在地理位置上，还是在薪资待遇上都缺乏对教师的吸引力。所以，在这方面政府必须制定特别的优惠政策，不仅要提高职业学校教师的地位和经济收入，同时也要解决好教师住房、子女上学等具体问题，从心理上鼓励更多的教师到农村职业学校任职，以确保农村职业教育的持续稳定发展。另外，还应外聘有过硬专业技术，并且符合农村职业学校资格条件的人才到学校任教，这样不仅能让学生学习到最新的专业知识和先进的技能，而且还可以帮助农村职校节约资源，降低办学成本。

第二，对于农村职业教师的选拔，政府也应制定较为严格的标准，人才的选拔改为政策的吸引与实践能力高标准相结合，从而吸纳更多的优质教师，快速且高效地为农村职教的发展注入新鲜的血液。

第三，政府还应出资建立农村职业教育教师的培训基地，让不同程度水平的教师不断接触到新知识、新技术，从而提高整体教师队伍的教育水平。同时，还要加强职业技术教师之间的交流和学习，农村职业学校的教师还应该积极到城市职业学校参观学习、拓宽视野，多多借鉴城市职业教育好的方面，并对自己的教学整体思想提出修改。

第四，好的教师必然是高质量教学的品质保障，但是职业技术教育不同于普通的教学教育，从理解意义上看，职业技术教育更注重于培养学生的动手实践能力，实训基地也是职业学校教师实现教学质量的一个平台，所以实训基地的构建对于职业技术学校来说是一个必不可少的条件。实训基地的构建要由政府政策和资金上予以扶持，并在校企合作上促进双向沟通。

2. 建立多元化的经费投入机制

与普通教育相比，职业教育更需要大量的资金投入建设实训基地当中，从而更好地培养学生的实践技能。然而提到农村，人们往往不自觉地与"贫穷""落后"等词相联系。长期来看，农村一直是改革的重点，但是数据显示，人均国民收入的城乡差别仍然很大。虽然有些村镇富起来了，但是这些地区所占比例很小，属于个例。所以，相对于城市而言，农村的资源更加缺乏，对资金的需求也更高。所以，政府应加大对农村发展的关注程度，并真正重视农村职业教育的发展状况，充分了解农村职业教育的各种需求，再结合当地的经济发展状况，因地制宜，给予适当的经济和政策支持，来保证农村职业教育的发展稳定。同时，政府更应该关注到贫困人群，给予他们帮扶政策，缓解他们没钱上学的情况，支持鼓励他们加入农村职业教育当中；这样，不管他们是想成为新型农民还是有意去城市创业打拼，都对他们的未来、社会的未来有很大益处。当然，加大资金的投入对农村职业教育的发展有比较大的帮助，但是国家也应该重视资金的投放量和使用情况，以确保在农村职业教育的发展改革上可以有效合理地运用资金，避免资金的不正当流动导致的农村职业教育发展缓慢。

一是鼓励扩大社会投入。国家支持社会力量兴办教育的方式，用来逐步提高教育经费总投入中社会投入所占的比重。同时，各地政府也要完善各方面对教育的补贴、土地划拨等政策制度的实行，并依法落实税费减免政策，加大力度引导社会力量对教育的投入，完善社会捐赠收入财政配比政策。最后，按规定落实公益性的捐赠税收优惠政策，极大程度上发挥各级、各校教育基金会的作用，吸引社会捐赠，并加大外资利用力度，积极争取合格的外资捐赠和贷款项目。

二是完善教育收费调整机制。政府应严禁随意扩大免费教育政策实施的范围，出台中小学课后服务收费标准政策。完善非义务教育培养成本分布机制，综合考虑培养成本、经济发展状况和群众承受能力等各方面因素，制定合理学费（保育教育费）标准、住宿费标准，建立与拨款制度、资助水平条件等相适应的动态收费标准调整机制。此外，自费来华留学生的学费和住宿费标准由学校自行制定。

三是全面加强教育经费管理。首先，计划并实施政府会计制度改革等要求，拨出部分资金改善推进学校内部控制建设，实施并完善经费管理体系，努力实现制度机制和信息化手段管制。学校应加强学校资金、教育管理等队伍的建设，努力完善教育财务管理干部队伍的定期培训制度。其次，健全预算审核机制。加强预算事前的绩效评估，逐渐扩大项目支出预算和评审范围，并加快预算执行；加强预算执行事中的监控管理，硬化预算执行约束；再加强监督各级教育经费执行情况的统计报告，并将教育经费使用管理情况加入教育督导重点内容之中；还要加强教育内部审计的监督，提高内部审计质量，强化内部审计结果运用，加大审计的整改问责，推动完善内部整治，并推动经济责任审计，党政同责同审，以实现领导干部经济责任审计全覆盖。最后，探索建立中小学校长任职经济责任审计制度。

四是全面实施预算绩效管理。政府应把绩效管理深度融入预算编制、执行、监督全过程，并逐步将绩效管理范围覆盖所有财政教育资金，建立并完善体现教育行业特点的绩效评价体系。政府还应强化预算绩效目标管理，开展绩效目标执行监控，加强对学校的动态绩效评价，及时削减对学校低效或无效的资金；更应强化绩效评价结果应用，加大公开绩效信息的力度，将绩效评价结果和绩效目标执行情况作为编制预算、经费分配、完善政策、改进管理、优化结构的重要依据，也作为领导干部考核的重要内容。最后，学校更应该坚持厉行勤俭节约办教育的方式做法，严禁政绩工程、形象工程的出现，严禁超标准建设豪华学校。

3. 改变农村职业教育供需错位

农村职业教育承担着许多的任务，其中最重要的一个就是培育出一代又一代现代职业农民。农民接受了农村职业教育后其所具备的技能才会得到提高。只有在农民接触到新型农业技术时，他们才能够真正掌握并且将其付诸实践，这样才能进一步促进农村经济的进步。但是在这个发展过程中，遇到了许多问题，导致职业教育无法将其作用发挥到极致。产生这些问题的原因，就是在发展过程中没有采纳农民的建议，对农民缺乏了了解与关注。这些问题主要包括对农民培训的地点、时间以及内容没有与农民协商。

农民主要的职业教育重点偏向于对产业后期的培训，这就包含了对农产品的保存、加工与出售。这些都是农耕者对知识与技术的需求，但他们却极度缺乏。农村职业教育的目的是让农民们学习到有关农耕方面的知识及技能，并且将这些技术运用到实际中，不断引导农民在生产过程中学习和使用新产品与新设备，进一步提高生产效率；并且，随着科技的进步与发展，农民所具备的知识技能是不能满足社会发展需求的，农民需要具备生产、科技和经营等各个方面的知识。

现阶段，在对农民的培训方面有多种形式，主要是以会代训、集中教学等来对农民进行教学与培育，传授农业的知识技能。但是，这些方法也存在缺点，就是难以带动农民的积极性。任何的生产与经营都需要强大的实践能力，农业也不例外。因此，对于农耕者来说，只有在实践中所获得的知识与技能才更利于农民们的掌握。所以总结如下：对于农民来说，培训的地点最好偏于本村，特别是靠近农民们生活的地方。因为只有充分满足了农民们的需求，符合农民们的意愿，农民们的生产积极性才会得到提高，农业职业教育才能充分发挥它的作用，培育出高素质高水平的农民。

（五）新时代职业教育助推乡村振兴战略的农村教育对策

1. 发展"三农"职业教育，完善农民职业教育体系

目前在我国完整的教育体系在各地的帮助及自身的努力下基本建立起来，如：普通教育、成人教育和乡村文化等遍布城乡各地，规模扩大的农村职业教育培育了更多的新型优秀职业农民。但是，目前农村职业教育还存在着许多不可忽视的问题，如：生源少、教学质量良莠不齐、学生就业困难、无法很好适应当今社会等。一系列的问题导致教育体系出现了农村职业教育承办点的资源闲置甚至浪费，为了解决这一问题，我们必须探索出符合实际的解决方案，让农村职业教育更上一层楼。

第一，加大对农村职业教育的投资力度，提高对农村职业教育教学的质量。据国家下达的有关文件，国家要求政府加大对职业学校的投资力度，尤其是教学设施，要保证其现代化，教学内容要跟上社会的变化，实现信息化教学，改善职业学校的教学环境；协调好各支持农村职业教育的组织、个人与机构之间的关系，全方位支持农村职业教育；大力推进城市对农村职业教育的支持力度，将农村的职业学校与社会各界紧密联系起来，相互监督，相互促进，推动农村职业教育的发展，增强对农村、农业、农民的服务力度。

第二，根据各级县市的经济发展状况来对农村职业教育进行深化的改革创新。对农村职业教育的办学模式进行改革，推动以政府为主导，加入行业指导，拉入企业参与的办学模式。改革新型的农村职业教育培养模式，要根据各级县市的需要来进行，依托当地的主要产业，才能发挥该地农村职业教育的优势，与当地的产业进行结合。如：需要林农业的专业人员，便设立相关方面的职业学校和专业；水利在农业中是重中之重，应该设立水利相关的职业学校和专业，培养具有相关方面专业知识的人才，把专业知识技术运用到农业生产生活中去，大力宣传水情教育，让农民树立节约水资源、保护水资源的意识。改革现有的农村职业教育教学模式，多让有真正职业技术的教师实地教学，实现教育与实践的结合。

第三，加大农村职业教育对人群的吸引力。大部分的农村职业人才都聚集在各个有着专门相关专业的大中专学校或农业职业学校，而我们的重点就是针对这些专业的学生，建立一个完善的人才培育机制，以吸引更多的人到农村职业教育中来。第一步，完善招生报考机制，提升农村职业教育学生的升学率，让优秀学生有更多更好的选择，如直接进入相对应的农村职业学校；第二步，建立一个完善的奖惩机制，如奖学金、助学金等，激励学生的学习兴趣，吸引更多的学生选择农村职业教育；第三步，政府建立、推广相关的创业就业政策，提升该类学生的就业率，在他们的创业途中，给予一定的政策优待，引导这些涉农学生积极创业。这三步可以形成一个有层次、有系统、开放而又完整的体系，让农村的资源开发得到更多技术人才的支持。

2. 开展岗前就业培训，完善农民成人教育体系

农村成人教育是推动乡村经济发展的智力支撑，主要面向农村的主要劳动年龄人口，通过对他们进行培训和再教育，形成一个完善的农村成人教育体系。自改革开放以来，我国就一直推行农村成人教育，并且已顺利展开，适应了我国的发展需求。尤其是在我国推动城市化进程时，因其推动了农村企业的发展，促进了劳动力跨区域的流动，所以也加快了我国城市的发展。但由于我国国情的改变，城镇化率的提高，产业结构也随之发生了改变，农民要想转移越来越难、压力越来越大，所以要想提高农民的适应能力，就得提高其素质。想要在短时间内培育出高素质的农民工，其难度可想而知，且效果并不理想，所以，对农民进行岗前就业培训，使其尽快就业，就显得尤为重要了。

在这样的背景之下，政府在许多地方都进行了试点工作，用多样式的方法对农民进行就业前的岗前培训，虽然获得了一些成就，但由于没有意识到其重要性，缺乏培训资金，导致农民本身的积极性也不高。

一要转变农村人对成人教育的思想观念。政府要起到领头羊的作

用，贯彻以人为本的科学发展观，跟着国家的指挥走，将农村成人放在主体的位子上，多引导和培育新型农村职业教育技术人员。政府首先便要做到重视农村的成人教育，大力宣传国家政策和精神，提高农民对此的认识程度和重视程度，开阔他们的眼界，多进行一些宣讲活动，为农民树立起终生学习的思想，打破他们原有的认知，走出故步自封的状态，让他们自己打破不愿学习新知识的枷锁，保持对知识的好奇和对学习的热忱，以此来促进农村成人教育的发展。

二要创建一个适合对农民进行农村成人教育的内容。农村成人教育的课程是要有助于农民的健康发展的，能促进农民积极参与的。所以，要在基本摸清当地成人的情况后，根据当地的发展需求，制定合适的专属的课程。还可从课程内容的趣味性出发，吸引更多的农民来参加课程。另外，课程所教授的内容应从实际出发，以便农民更好地加以运用。

三要加大对农村成人教育的经济支持。与其他的教育相比，农村成人教育在经济和物质上都有一定的差异。所以，政府应更加重视对农村成人教育的经费投入。政府可和当地本土企业进行合作，既促进当地的企业发展又可以为当地农村成人教育筹备一定资金；既培养了专业农村务农人员又可为企业提供一定数量的工作人员。其次，在教授某些特殊的课程时，可收取一定数量的资金作为学费，既不为难农民，又得到一定数目的教育经费，做到"取之于民，用之于民"，使得农村成人教育更好展开。

四要提高现有的农村成人教育的质量。政府在为农村成人教育提供师资力量时，可以与一些学校取得联系，利用学校的师资和教学资源，对农民进行培训。还可聘用一些专业教师，组成一支强大的师资队伍，在提高对教师素质要求的同时不忘教学质量。在对教师进行考核时，除了专业素养的考核，还要在道德、学历等方面进行考量。最为重要的是，要提高教师的待遇，留住现有师资。将农村成人教育教职工与其他教师一视同仁，在职称与工资水平方面都不应该有差别，只有这样才能留住教师资源，解决农村成人教育的重要问题，提高农村成人教育的质量。

3. 推行多元化教育方式，培养更多的农业劳动者

对于政府来说，还应推行多种不同化的教育方式，让农民能全方位地学习到更多知识，提高其综合素质。针对农民的学习特点，利用现在网络的普及性，开展远程施教，推送"送教下乡""流动课堂车"等新模式进行培训，建立一个开放式的教育系统，服务全体农民，使他们都能享有优质的教育资源。

如今，新的教育模式已逐步完善，农民可针对自身的情况学习网校课程，制定自己的学历学位学习目标，这样更有学习的动力。而在此期间，农民可以一边学习一边实践，或是利用网络，与指导老师在农业生产现场接受一对一的指导，或是完全脱离农业生产进行学习等，这些方式都可供农民根据自身情况进行选取。这种现代化的学习方式，可以让农民足不出户就学到世界各地的先进知识和技术，在学习的同时，既节约了时间又节省了费用，简单方便而有效。

完善健全现有的数字教育资源公共服务体系，形成一个互相连通，点、线、面覆盖，共同互享的数字教育资源公共服务体系，为乡村教师提供更多的优质数字教育资源。通过多种不同的方式进行网络课堂授课，组建农村网络联校群，覆盖本省的所有农村学校，推动城区学校农业职业教师为农村学校学生在线开设相关课程，着力解决农村学校课程开设不全、师资不足等问题。以正高级教师为领衔人，组建一批具有引领示范作用的"名师网络教研联盟"，推动乡村教师与名师的合作，共同商讨，资源共享。实施新周期职业教师信息技术应用能力提升工程，推动信息化教学应用覆盖全体乡村教师。

大力推动就业重点群体技能的培训工作。对高校毕业生进行技能就业行动。依托职业院校，面向城乡未继续升学的初中、高中毕业生开展职业技能训练，增强其技能就业的能力和劳动习惯的养成。实施"春潮行动"农民工职业技能提升计划，化解过剩产能职工的安置工作，对失业人员和转岗职工进行特别培训计划，加快其再就业的步伐。实施新型职业农民的培育工程和农村实用人才带头人培育计划。建立健全以"教

育培训、认定管理、定向扶持"为主要内容的新型职业农民培育服务体系。对即将退役的军人开展退役前技能储备培训和职业指导，对退役军人进行就业技能培训。对符合条件的贫困家庭开展脱贫攻坚工作，实施国家制定的各项为脱贫而存在的计划。对待服刑人员和强制隔离戒毒人员，进行职业技能培训，使其能更快更好地回归社会。

参考文献

[1] 单丽卿,王春光.离农:农村教育发展的趋势与问题——兼论"离农"和"为农"之争[J].社会科学研究,2015(1):124-132.

[2] 凡勇昆,邬志辉.社会转型背景下农村教育发展新走向[J].中国教育学刊,2014(5):28-32.

[3] 葛新斌.关于我国农村教育发展路向的再探讨[J].中国农业大学学报(社会科学版),2015(1):99-105.

[4] 郝文武.农村教育和乡村教育的界定及其数据意义[J].教育研究与实验,2019(3):8-12.

[5] 姜超,邬志辉.论农村教育现代化的理念选择[J].教育研究,2017(6):65-72.

[6] 李松.新中国成立70年我国农村教育:经验、问题与对策[J].河北师范大学学报(教育科学版),2019(4):46-53.

[7] 廖其发.多元一体:中国农村教育的价值取向[J].中国农业大学学报(社会科学版),2015(1):106-118.

[8] 廖其发.论我国改革开放40年来的"农村教育综合改革"[J].河北师范大学学报(教育科学版),2018(4):22-31.

[9] 刘焕然.从外延式到内涵式:新时代农村教育发展的价值变革[J].现代教育管理,2019(4):28-33.

[10] 刘建伟,王院院.中国农村教育扶贫研究回顾与展望[J].山西师大学报(社会科学版),2019(1):90-96.

[11] 刘利平,刘春平.我国农村教育理论研究现状述评[J].天津师范大学学报(基础教育版),2014(2):5-10.

[12] 刘秀峰.改革开放四十年城镇化视域下的农村教育变迁[J].教育发展研究,2018(17):64-70.

[13] 刘秀峰.改革开放 40 年农村教育的变迁——基于供给制度与城乡关系的双重视角[J].四川师范大学学报(社会科学版),2019(1):54-60.

[14] 秦玉友,曾文婧.新时代我国农村教育主要矛盾与战略抉择[J].中国教育学刊,2018(8):47-53.

[15] 秦玉友,邬志辉.中国农村教育发展状况与未来发展思路[J].东北师范大学学报(哲学社会科学版),2017(3):1-8.

[16] 秦玉友.不让农村教育成为中国未来发展的短板[J].教育与经济,2018(1):13-18.

[17] 秦玉友.新时期农村教育的取向选择[J].教育发展研究,2019(6):8-14+22.

[18] 邵晓枫,廖其发.论农村教育综合改革与城乡教育均衡发展、城乡教育一体化的关系[J].河北师范大学学报(教育科学版),2015(6):10-16.

[19] 沈费伟.教育信息化:实现农村教育精准扶贫的战略选择[J].中国电化教育,2018(12):54-60.

[20] 王金蕊.基于农民增收视角加强农村人力资源开发研究[J].农业经济,2014(4):101-102.

[21] 魏峰.改革开放 40 年我国农村教育发展:成就、动力与政策演进特征[J].基础教育,2018(6):15-21+84.

[22] 邬志辉,张培.农村教育概念之变[J].高等教育研究,2019(5):10-18.

[23] 武晓伟,朱志勇.传统与现代:文化哲学视域下的农村教育研究[J].湖南师范大学教育科学学报,2014(6):65-71.

[24] 薛晓阳.乡村教育与乡村建设的政策隔离及问题——以农村教育的文化责任和乡村义务为起点[J].清华大学教育研究,2018(2):52-59.

[25] 杨海燕,高书国.农村教育的价值、特征与发展模式[J].教育研究,2017(6):73-79+86.

[26] 杨卫安,邬志辉.城镇化背景下中国农村教育发展的路向选择[J].
社会科学战线,2015(10):239-246.

[27] 张国献.农村教育精准扶贫的共享困境与化解路径[J].理论学刊,
2018(4):138-144.

[28] 张天雪,黄丹.农村教育"内卷化"的两种形态及破解路径[J].教育
发展研究,2014(11):30-35.

[29] 郑新蓉,王国明.教育公共性的嬗变——也谈我国农村教育兴衰
[J].妇女研究论丛,2019(1):23-32.

[30] 朱成晨,闫广芬,朱德全.乡村建设与农村教育:职业教育精准扶贫
融合模式与乡村振兴战略[J].华东师范大学学报(教育科学版),
2019(2):127-135.